图解服务的细节

101

リッツ・カールトンが大切にする　サービスを超える瞬間

丽思卡尔顿酒店的不传之秘

超越服务的瞬间

丽思卡尔顿酒店日本分社原社长亲传

[日] 高野登 著

黄郁婷 译

人民东方出版传媒

People's Oriental Publishing & Media

東方出版社

The Oriental Press

图字：01-2020-2238 号

图书在版编目（CIP）数据

丽思卡尔顿酒店的不传之秘. 超越服务的瞬间 /（日）高野登 著；黄郁婷 译. —北京：东方出版社，2020. 7
（服务的细节；101）
ISBN 978-7-5207-1543-0

Ⅰ. ①丽… Ⅱ. ①高… ②黄… Ⅲ. ①饭店—商业服务 Ⅳ. ①F719. 2

中国版本图书馆 CIP 数据核字（2020）第 087832 号

服务的细节 101：丽思卡尔顿酒店的不传之秘：超越服务的瞬间
(FUWU DE XIJIE 101: LISIKAERDUNJIUDIAN DE BUCHUAN ZHI MI: CHAOYUE FUWU DE SHUNJIAN)

作　　者：[日] 高野登
译　　者：黄郁婷
责任编辑：崔雁行　高琛倩
出　　版：东方出版社
发　　行：人民东方出版传媒有限公司
地　　址：北京市西城区北三环中路 6 号
邮　　编：100120
印　　刷：北京文昌阁彩色印刷有限责任公司
版　　次：2020 年 7 月第 1 版
印　　次：2022 年 5 月第 3 次印刷
开　　本：880 毫米×1230 毫米　1/32
印　　张：7. 125
字　　数：129 千字
书　　号：ISBN 978-7-5207-1543-0
定　　价：58. 00 元
发行电话：(010) 85924663　85924644　85924641

我们是服务绅士与淑女的绅士与淑女。

——丽思卡尔顿箴言

序

一九八三年诞生于美国亚特兰大的丽思卡尔顿酒店公司(The Ritz-Carlton Hotel Company)，在不到二十年的短短时间内，改写了世界酒店版图。

丽思卡尔顿，是美国商业或休闲杂志举办的优良餐旅业排行榜上的熟面孔，而且总是名列前茅；也是新加坡、上海、香港等亚洲地区餐旅从业人员最向往的工作环境与最理想的雇主。

大阪丽思卡尔顿自一九九七年开业以来，也经常获得《日经商业杂志》等日本国内外各大杂志的好评。

丽思卡尔顿的终极目标，不是经营一家有声有色的餐旅企业，而是要让丽思卡尔顿成为新生活形态的代名词。

例如，大阪丽思卡尔顿，就是标榜豪华享受的生活品牌。里头有小巧精致的大厅、由门卫开启的手动式大门、隐藏式电梯、温馨的客房气氛、令人赞不绝口的美食……宛如精心设计而成的舞会现场。

会场上有五百位绅士、淑女——酒店服务员，以各种贴心服务款待舞会主角——莅临酒店的嘉宾；舞台，是以住宿设施呈现的酒店。这样的比喻，是为了说明：丽思卡尔顿不以酒店服务自限，处处以“悦客服务（Hospitality）”[注]为念。

悦客服务，是一种令人感到贴心、亲切且诚挚的招待。丽思卡尔顿致力提供的，不是豪华的设备或超越一般水平的服务技术，而是“真诚的款待”。这也是丽思卡尔顿荣获顾客一致赞赏的原因。

我在二十五岁以前就只身前往美国，积极到纽约、洛杉矶、旧金山等地的大小酒店积累服务经验，并在因缘际会下进入丽思卡尔顿酒店工作。过去在其他酒店的工作经验虽然也有让我学到服务工作的精髓，但丽思卡尔顿的服务理念给了我完全不同的启发。

其中最让我惊讶的，就是把员工一并视为“顾客”的经营理念。

记得某次，我一踏入波士顿丽思卡尔顿的员工餐厅，入口处的服务员立刻扬起亲切的笑脸欢迎我说：“欢迎光临餐厅。”

后来我才知道，丽思卡尔顿视员工为“内部顾客”，待员工如顾客，希望雇主与员工彼此了解，从心底尊重彼此。

- 怎样才能感动顾客？
- 怎样的职场环境，能让员工充满自信、乐于工作？
- 怎样的团队合作，能预测并满足顾客未说出口的心愿？

无论建筑再豪华、服务技巧再高明，如果酒店本身缺乏服务热诚，如果服务热诚不能深入每一项服务细节，酒店终究只是提供食宿的场所。唯有透过员工传递服务热诚，让顾客感受到酒店款待顾客的“心意”与“精神”，酒店才能从单纯提供食宿的场所，升华成酒店品牌。

丽思卡尔顿的所有员工，随身携带记载了企业“信条”的卡片。卡片里，字字句句都是丽思卡尔顿企业理念与经营哲学的精髓。

也因此，款待宾客理想的实现——超越服务的瞬间，即全体员工对于“信条”的实践。

希望本书能带领读者超越商业服务的窠臼，让读者能从人际互动中发现服务新概念！

高野登

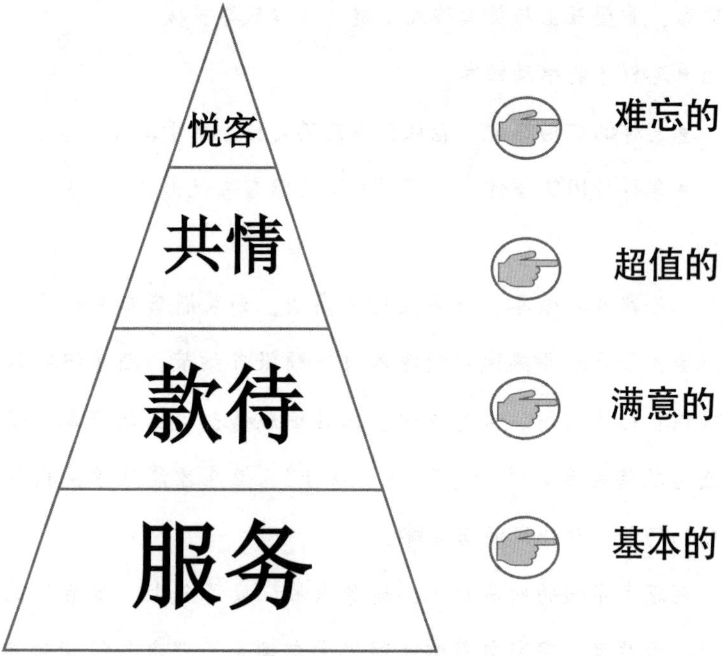

图 1–1　服务境界金字塔

注：hospitality，在文中概括为“悦客”，“悦”在汉语中有“使愉悦”、“客”有“泛指人”的意思，除了特指顾客、客人（外部客人）外，还指为之提供服务的工作人员（内部客人）。“悦客”是指从心理上关心、关怀，从行为上提供主动支持、款待。核心理念是通过心理上预测客人未言明的需求，从行为上提供“惊喜服务”，强调无私、超预期和不求回报。作为结果，不仅使作为“外部顾客”的客人体验到愉悦，作为行为主体的“内部顾客”——服务人员也能从中体验到愉悦和满足。有的书翻译为“款待”，总有意犹未尽的感觉。“悦客”意思相对完整。

目　录

第1课

服务，从认真回应顾客开始

丽思卡尔顿的工作之道——在感谢声中成长

“顾客的任性要求，只要听了一个，之后就会没完没了。”许多酒店经理会这么想，而且认为避免任性要求是理所当然的。然而，喜好或感受本来就是因人而异的。唯有认真响应每位顾客的喜好与感受，服务才能感动人心。

1.1

成为顾客进入梦乡前的美好回忆

丽思卡尔顿非常重视顾客躺上床铺、合眼、放松全身到进入梦乡前这段短暂的时间。

平日为了公事、私事忙碌得不可开交的顾客，因为喜庆宴会或出差而入宿丽思卡尔顿，在好不容易结束忙碌的一天，躺上床铺到进入梦乡前的短暂片刻，会想些什么呢？

因为出席亲友喜宴而入宿的旅客可能会想：难得入住一次，不妨趁此机会，在喜宴结束后多住一晚，好好享受一下，决定拨电话向柜台追加一晚。在拿起话筒时，女客服人员温馨接待的回忆一一浮现在眼前……

挂上电话后接着回忆起初进入酒店时的情景：出租车一抵达酒店，就看见笑容可掬的门卫站在门口恭迎，利落地卸下车上行李交予行李搬运员；柜台一见我，不假思索就以我的姓名招呼：“××先生，欢迎光临！”让我在心底惊呼不可思议：明明是第一次入住，他们究竟是怎么办到的？

整场喜宴招待也是令人感动！没有老套的烛光开场，没有陈词滥调的介绍，典礼过程充满创意与欢乐气氛。不知是两位年轻新人的别出心裁，还是酒店方面的精心设计？

餐点和美酒好得没话说！洗刷了我对宴会料理不值得期待的刻板印象。今天这场喜宴的菜色与服务水平，和专业餐厅不分轩轾。

提到菜色，服务员一察觉内人完全没吃猪肉料理，就立刻靠近询问内人是否不喜欢猪肉料理，并随即给予更换。主动且机灵的服务，让内人感动万分。

贴心服务到这种程度，真是太夸张了！

提供最贴心的服务，让旅客在合眼入睡的瞬间回想起种种体验，不禁在心底大大赞赏："来住这家酒店，真是太值得了。"还期待地猜想："不知道明天睁开眼睛之后，还会发现什么感动？"让顾客这样想，是我们酒店的心愿。

多数酒店，大厅设计强调宽敞气派，有华美耀眼的水晶灯、格调高雅的插花艺术、多到令人目不暇给的艺术摆饰；大型宴会场地或会议室里，高科技配备应有尽有。上述配备，的确有发挥酒店价值与机能的重要功能。

大型酒店，则会设置豪华套房。丽思卡尔顿的总统套房，客厅里有柔软舒适的高级地毯、供宴会弹奏的平台式大钢琴、高级家具与艺术品，以彰显贵宾的格调与荣耀；浴室，是光走进去就能让身心立刻舒缓、放松的大面积空间；窗外，是整栋楼最棒的景致……所有规划极尽奢华、气派之能事。

但是，大钢琴、高级摆饰、浪漫夜景……都是有形的景物，闭上眼睛就看不见了。当顾客闭上眼睛睡觉之后，顾客和酒店的物理接触点，就只剩下卧床部分。

此外与酒店的链接，全靠回忆——电话预约订房时的回忆、抵达酒店到进入梦乡前的回忆。

因此，对丽思卡尔顿而言，没有任何事情，比让顾客在进入梦乡前片刻怀念在丽思卡尔顿的各种愉快体验，抱着幸福怀想渐渐沉入梦乡更值得高兴的了。

丽思卡尔顿认为：在每一种与顾客接触的场合，怎样的服务才是能散发感性魅力的款待，是酒店工作者必须思索的课题。

心灵层面的服务回响，可以是无限大的。顾客很有可能在一个星期以后、一个月以后，甚至在一年以后回忆起入住丽思卡尔顿的体验，依然觉得幸福、感动而回味再三。丽思卡尔顿追求的，正是这种常伴回忆的感动！

1.2

主动关心顾客是一切互动的开始

世界各地的丽思卡尔顿都设有凭专用钥匙才能进入的“会员专属楼层”，里头有贵宾室，还有客服专员随时待命，以满足会员的需求。

贵宾室经理或客服专员的工作，是尽可能满足会员的各方面需求，无论是商务或私人性质。私人性质服务如：代订机票、代购音乐会入场券、充当逛街购物的随行助理……对于将客房当作办公室使用的商务旅客，则提供代客收发传真、影印，访问地数据搜集等秘书性质的服务。当顾客想要放松一下时，只需吩咐一声，酒店就会安排纾压服务……尽可能提供顾客全方位的服务。

在丽思卡尔顿，无论是客服经理还是一般客服员都拥有非常良好的沟通技巧。问候亲切且得宜，不会冒失地刻意攀熟，从亲切但不逾越的安心距离中，建立顾客对酒店的信赖。

顾客对丽思卡尔顿的信赖，或许就是建立在这样亲切且得宜的互动上。服务员利用言语沟通，加深对顾客的了解，且将自己的想法直接传递给顾客，从而赢得顾客的高度信赖。

丽思卡尔顿将所有服务员定位成——服务“绅士与淑女”的“绅士与淑女”。对此，稍后会有详细说明。总之，站在顾客立场、积极与顾客沟通是丽思卡尔顿传承已久的企业文化。

日本的服务业多半还强烈残存着顾客是上位尊者，服务员是下位侍从的观念。

“主动和顾客说话会不会太失礼？”这样的观念依然存在于日本的服务业，或许是日本人不擅长主动沟通，日本社会也缺乏鼓励主动沟通的教育背景所致。

而且，日本顾客对于沟通分寸的拿捏，也是战战兢兢的。

“拜托人家这样的事情好吗？”通常，日本顾客一想到这里，同时就把事情往肚里吞了。就算真的提出请求，也是怀着歉意姑且一试，难以平常心提出。面对这种情形，酒店主动释出善意，主动营造可以让顾客放心提出需求或想法的气氛，顾客的心理负担就能轻松许多。

某天傍晚，一对美国夫妇携子前来大阪丽思卡尔顿住宿。他们办理完入住登记，立刻往会员专区移动。十四小时以上的长途飞行，加上严重的时差，让他们抵达酒店时已疲惫不堪。

经理为他们带位，并告诉他们吧台区有果酱面包、红酒、开胃小菜等食物可以取用。

一听到有果酱面包，那位先生开心地说："有果酱面包啊，那真是太棒了！以我们的生理时钟来说，现在才清晨六点钟。我们的小儿子吉米，说不定正在想念他每天早餐吃的玉米片呢！"

"那么，如果各位愿意，我请厨房为各位准备早餐好吗？有需要尽管吩咐，别客气！"

"不过，日本时间都半夜了，点早餐方便吗？"

"当然方便！"

"那真是太感谢了！那么，请为我儿子准备一份玉米片和牛奶，给我一杯柳橙汁，给我老婆一份吐司加荷包蛋、培根和一杯蕃茄汁。能够在这个时候好好享受早餐，真是太感谢了！吃完这顿早餐，什么疲劳都会不见的。"

"哪里，请别客气。那我马上就为各位准备早餐。对了，要不要接着帮各位上杯咖啡？"

即便是在餐厅服务顾客用餐，服务员也不会只是帮顾客点单，或把餐点送上就走。我们会试着跟顾客闲聊几句话，例如问：“您今天打算上哪儿去呢？”

然后有些顾客可能就会很自然地回答道：“今天本来想要到××去观光，可是不晓得怎么去最方便。你知道用什么交通方式到那边最便利吗？”

这样的对话互动，不但可以增进顾客对服务员的信赖，还可以提升顾客对酒店的信赖。

丽思卡尔顿非常努力地争取各种能给顾客留下良好印象的机会。基本的订房服务不说，就连门卫、提行李员、客房清洁工、餐厅服务员，每位服务员都非常积极地和顾客对话、互动，以加强和顾客在心理层面的联系。

“到丽思卡尔顿，就好像到老朋友家做客一样！”

“因为和丽思卡尔顿的服务员互动很愉快，所以一直以来都是住在丽思卡尔顿。”

之所以能让多数顾客如此称赞，是因为丽思卡尔顿的服务让顾客觉得“好像回到另一个家”一样。

1.3

不对顾客说不

这是一则发生在波士顿丽思卡尔顿的故事。

波士顿某歌剧院和丽思卡尔顿餐厅部合作，让听众利用中场休息时间到酒店用餐。某天，歌剧院方面疏忽了，把餐厅没有营业的某个星期日，也排进套餐服务日程中。

当天，不知道餐厅休息的歌剧院顾客陆续来到酒店，可是餐厅里没有主厨，也没有可以供应晚餐的食材。由于完全不在计划之内，酒店方面也没有事先拟定其他替代方案。

这是个关键时刻，大家都在观看酒店会以什么姿态应变。虽然问题的起因，在没有确认餐厅休息时间、径行规划档期的歌剧院那一方，但如果酒店方面直接对扑空的顾客说“抱歉，餐厅没有办法临时为各位准备晚餐。这是歌剧院方面的疏失，要抱怨请向歌剧院抱怨”，顾客会作何感想呢？

就算顾客理解问题发生的原因，但是无法享受期待中的晚餐仍是不争的事实。如果让顾客们抱着失落的心情回歌剧院，说不定会影响到顾客欣赏下半场演出的心情，更糟糕的是，说不定还会让顾客继续抱着失落的心情踏上归途。

丽思卡尔顿无时无刻不希望能带给顾客幸福的感受，所以，尽管客观条件上无法临时开启餐厅大门供应晚餐，也绝不草草打发顾客。在这样的关键时刻，为顾客提供替代解决方案，正是专业服务的职责所在。

那么，波士顿丽思卡尔顿究竟以怎样的临场应变，面对意料之外的歌剧院顾客呢？

首先是联络吧台，请吧台让出一块区域，以餐厅规格做布置后，将来自歌剧院的顾客带入座位候餐。同时，请客房服务部全体同人集思广益，以现有食材为基础，设计出所能烹调的最高级料理。

歌剧中场休息时间不到一小时。虽然事前没有准备任何替代方案，时间也相当紧迫，但是全体员工仍旧同心协力，努力完成接待任务。

丽思卡尔顿全体员工，平常就力求以顾客观点服务顾客，面对紧迫关头，脑海里自然能涌出好点子应变，并且发挥团队默契，齐心完成任务。

最后，不但没有服务员被顾客抱怨种种不便，反而还得到顾客的赞许。

“原本想说，真的是太勉强了，干脆放弃算了，没想到还是如愿享受到晚餐，不愧是丽思卡尔顿!”

对我们而言，这句话无疑是最高的奖励。看到顾客脸上绽放出喜悦的笑容，我们自己也觉得好幸福。因为，我们再一次克服困难，得到成长。而这正是工作的本质，不是吗?

1.4

故意请顾客帮忙也是种悦客服务

请各位想象一个画面。

有一组带小朋友同住的家庭顾客，选择在客房内享用早餐。打从服务员在客房内张罗餐点的那一刻起，小朋友就兴味盎然地直盯着服务员看，对服务员利落的摆盘动作，更是看得出神，好像在看什么稀奇的表演。

面对这种情况，丽思卡尔顿的服务员可能会这么向小朋友提议。

“小姑娘，大哥哥可不可以请你帮个忙呢？”

绝大部分小朋友被穿着制服的大人拜托时，通常会觉得自己被当成大人对待，而兴高采烈地答应帮忙。

看到小朋友高兴的模样，大部分家长也会假装抱怨说：“咦，平常在家要妹妹帮忙做家事，三拜托、四拜托也请不动，怎么今天这么热心啊？”

然后，家长一边开心地观看小朋友手脚勤快的模样，一边帮忙注意小朋友的安全。

对某些酒店而言，请顾客帮忙绝对是不及格的服务。

但若从服务的目的是让顾客享受舒适、快乐时光的角度来看，让顾客展露身手，享受舞台光芒，何尝不是件美事？

当然，在小朋友协助摆完杯盘之后，服务员还是得以自然的态度、专业的手法，重新修整过再出餐，才算完美完成服务工作。

然后，等那位服务员退出客房数分钟后，安排另一位服务员，准备数种果汁再度前往。

“为了谢谢这位小姑娘帮刚刚那位大哥哥的忙，酒店决定招待小姑娘一杯果汁作为回礼，请小姑娘选一种喜欢的果汁！”

这样一个安排，就能为顾客一家人的用餐时光带来更多欢笑，不是吗？

这样一个安排，当下的欢乐气氛，都会是顾客宝贵旅行回忆里难忘的花絮！

1.5

过分坚持公司立场无法使顾客感动

对于把酒店当第二个家利用的常客，丽思卡尔顿会以记住其住房偏好，或变通原有规则，以响应其特殊住房需求。

有位常客曾在快抵达酒店时，从新干线车厢中打电话进来吩咐客房用餐服务，当时已是半夜。对于入住前的客服要求，由于时间掌握不易，原则上酒店方面是不会接受的。但那位常客和我们已经有良好的互信基础，所以我们想办法变通原则，让顾客一抵达酒店就能在客房享用餐点。

再以早餐目录为例。

假设有位男顾客想吃一客牛排，外加一份用三颗鸡蛋做成的什锦煎蛋；另外有位女顾客，想吃目录里面没有的西班牙什锦煎蛋，还要求用三颗鸡蛋去做。对厨房来说，逐一应付个别顾客的个别需求，实在太辛苦了，所以酒店便规定什锦煎蛋的标准鸡蛋用量是两颗，并说服顾客接受标准餐点。就某种意义而言，这是以酒店立场为优先的供餐系统。

通常，厨房的冰箱里，有肉也有制作西班牙什锦煎蛋需要的其他食材，虽是目录外的餐点，临时供应倒不成问题。只是，点餐服务员往往回答："抱歉，早餐时段只供应目录有的餐点。"

这样严守规定，其实是为了配合酒店，不是吗？

有时候，还因为服务员本身害怕被厨师抱怨之类的内部问题，才不敢把顾客的特殊需求老实传达给厨房。

"顾客的任性要求，只要听了一个，之后就会没完没了。"许多酒店经理会这么想，而且认为避免任性要求是理所当然的。

然而，喜好或感受本来就是因人而异的。唯有认真响应每位顾客的喜好与感受，服务才能感动人心。

第2课

服务，要创造感动的瞬间

丽思卡尔顿为何能够创造“超越服务的瞬间”

有时候，规定太过详尽的服务手册，反而可能把服务员限制在既有的服务制度中，扼杀了服务员随机应变的能力。所谓超越服务的瞬间，就是对于顾客没有明言的需求都能主动满足，并做到远超预期。

2.1

发挥团队默契，创造优质服务

沟通互动的重要性，不仅在于服务员与顾客之间。同事间的沟通互动，对于客服质量的提升一样大有帮助。

习惯使用客房用餐服务的顾客，通常会在用完餐后，直接拨电话请服务员来回收餐车。但有些顾客，可能因为不熟悉客房用餐服务，没想到可以联络服务员来回收，或只是因为顺手，就自己把餐车推出门外搁在走廊上。

结果，餐车就一直这么被搁在走廊上。三十分钟后，顾客因为要外出而走出房间，赫然发现餐车还停在原地。对顾客而言，这绝非愉快经验。因为，剩余餐点的气味会污染室内空气，就算没有气味，也有碍观瞻。如果因此招来客怨，也没什么好奇怪的。

而“哪里晓得顾客已经用完餐”的说法，更是自我推托的借口。

回收餐车的确是客房服务员的工作。但是，难道连客房清洁工都没有发现餐车被堆放在走廊上吗？难道，保安人员在巡逻时，或是其他服务员在替其他顾客带位、送行李时，都没有发现吗？只要发现餐车堆置于走廊的其他服务员，和该名客房服务员进行联络，上述状况就无从发生，不是吗？

只要同事间，或是部门间相互联络一下，就能避免类似状况发生。对于个人或部门职责以外的工作，丽思卡尔顿全体员工都有共识：即使事情属于其他部门职责，也会站在整个酒店的立场，协助完成应有的处置。

曾有到大阪丽思卡尔顿住宿的顾客，外出到芦屋办事，直到半夜两点才将事情处理完毕，却在好不容易可以回酒店休息时，接二连三遭出租车拒载，而且理由竟然是“不知道丽思卡尔顿在哪里”。

招到第四台出租车时，该顾客自己打移动电话给酒店，请接线生向出租车司机报路。

一小时后，该顾客抵达酒店门口，两位行李运送员马上出去迎接道：“××先生，欢迎您回来。看到您平安回来真是太好了！”

同人主动联络彼此，发挥团队默契，提供感性服务，是这句温馨且实时的问候得以形成的原因。

无论是接线生，还是行李运送员，在接获讯息之后，都希望给那位苦苦打不到出租车的顾客一个温暖的迎接。所以，接线生毫不犹豫地联络了行李运送员，行李运送员主动地站出玄关等候顾客归来。这个例子充分说明了，当员工人人拥有感性服务意识，彼此有默契，自然能提供最高质量的服务。

2.2

提醒彼此，时时心怀感激

员工之间拥有良好的沟通互动关系，是全世界十一个地区设有营业据点的丽思卡尔顿，和我所任职的大阪分公司，都具备的业务特性。

每年，各据点的代表会开会数次，讨论整体营运方针，以及业务、营销、品牌策略；平常也会利用电子邮件，针对日常业务交换意见，偶尔也互相分享一些感人的故事。

最近在日本也常听到，日本企业仿照美国设定秘书周，每年一次，为期两周，让各部门主管在这期间找个时间，招待自己的秘书、助理一起去吃个午餐或赠送礼品，以感谢秘书对工作的付出。而且有很多部门主管从秘书周前夕就开始思考，今年要订哪一家餐厅、秘书爱吃什么食物……诚惶诚恐，为了搜集情报而忙碌。

记得在几年前，就在秘书周的前几天，亚特兰大的德博拉传来一封电子邮件。

*

“帮你装降落伞的人是谁？”

查理，曾经以美国海军喷射机飞行员的身份参加越战。他身经百战，是个优秀的飞行员，却在第七十五次的飞行任务中，被敌军的地对空飞弹击中座机。所幸，在千钧一发之际，查理靠着降落伞，成功逃出了坠落中的战机。

查理虽然靠跳伞保全了性命，无奈迫降在了敌军的大本营，当场被敌军逮个正着，成为战俘，在狱中度过了六年，直到越战结束才被释放。历劫归国后，查理四处演讲，分享自己的人生经验。

以演讲分享经验这个念头，起因于某天的一个巧遇。那天，查理和妻子二人在餐厅用餐时，邻桌男子突然走过来对他说：“您是查理先生吗？您不是从航空母舰小鹰号起飞出任务过程中，被敌军击中座机，人机坠落了吗？”

“这件事您怎么会知道得这么清楚呢？”

查理听了惊讶地问。

那男子答道：“因为我就是那个帮您装降落伞的人啊。”

查理听了又是惊喜又是感谢，几乎忘了怎么呼吸。

那男子接着开心地说：“看来，降落伞在关键时刻发挥作用了！”

“那当然，如果那时降落伞没开，我现在就不可能活生生地站在您面前了！”查理回答。

那天晚上，查理一夜不能入睡，思绪全绕着那个男子打转。

查理努力回想那个男子在航空母舰上的样子：应该是和其他水兵一样，头戴白帽，穿着海军领上衣搭配喇叭裤吧？

虽然都是海军，但那个男子是一个无名小卒，自己则是受人景仰的飞行员。查理相信，自己一定和那水兵有过几面之缘，却又记不得，自己曾和他道过早安、问过一声好吗？

自己曾对水兵的贡献，表达过谢意吗？

过去，查理不曾想过这些事情。现在，一幕幕回忆景象浮上心头——接近船底的工作舱中，几十位水兵面对长桌，安安静静地整理降落伞，谨慎细心地把降落伞装进降落伞包。那些水兵每天重复这个工作，而且一做就是好几个小时。

为了替几乎连一句话都没说过的飞行员，打理攸关性命安危的降落伞，一群水兵每天默默地工作着。

想到这里，查理突然体悟到：任何人，一生中都有几位不知名的朋友，默默为自己打理降落伞，只是自己没有察觉而已。那降落伞，不一定是实体性质的，也有体贴的降落伞、情感的降落伞、祈祷的降落伞……

查理回忆过去：在被击坠的战机中，抱着非生即死的念头，背着跳机的降落伞；还有在成为战俘的艰苦牢狱岁月中，对家族与友人的思念，为自己燃起了多么大的勇气。

*

这则故事提醒大家，不要以忙碌为借口，而忘了感谢帮助我们一路走来的同伴。

而与我分享这则故事的德博拉自己，则是一位从来不曾忘记要随时感谢周遭工作同人、亲友的模范主管。

2.3

助人为成功之本

丽思卡尔顿酒店公司成立之后，随即选定在亚特兰大鹿首（Buckhead）开设首家酒店。

当时，几位创业元老和我，经常就近在附近某家咖啡馆，一边用午餐，一边开会。

那家咖啡馆有位笑容灿烂、工作利落又勤快的黑人女服务员。还记得，第一次见到她的那天，一起开会的爱德华跟她说："我们公司要在这间咖啡馆附近盖一间酒店，酒店名称叫丽思卡尔顿，不晓得你有没有兴趣来做我们的大厅服务员？"

那女服务员微笑问说：

"大厅服务员？我没听过这种职称，这是做什么工作的呢？"

后来，爱德华等人告诉她许多丽思卡尔顿的事情，包括历史渊源、经营理念与经营哲学等等。记得我们这一群人还激动地说，让丽思卡尔顿成为世界一流的酒店，是我们的梦想！

当然，我们还跟她说，大厅服务员这职位，对丽思卡尔顿酒店能否成功，有举足轻重的重要性，而她，是再适合这职务也不过的人选！

亚特兰大丽思卡尔顿开幕当天，她果然穿着大厅服务员的制服，出现在大厅里。积极开朗的性格，使她成为大厅里最受欢迎的人物，备受顾客信赖。

彻底爱上酒店工作的她，以无与伦比的工作热诚，在五年后当上前台的最高主管。来年，又升任为住宿部经理。后来还以住宿部门专家身份，参与其他好几间分店的创店工作，现在更是丽思卡尔顿的堂堂副总经理。

她的成功，在丽思卡尔顿并非特例。在丽思卡尔顿，这类成功案例不胜枚举。

让员工一展长才、为公司培养人才，是丽思卡尔顿创业者努力不懈的目标。

每位创业者，都以非常积极的态度，把人才引进丽思卡尔顿这个自己所打造的梦想国度，积极培养人才，引导人才走上成功之路，也连带造就了今日的丽思卡尔顿与自己的成功。今日仍以丽思卡尔顿首席副总经理身份，整天埋首酒店业务的爱德华，就是培育人才工作的最佳实践者。

2.4

提供“感动”，展现专业服务

全世界的丽思卡尔顿都常收到顾客的感谢。我们会将这些口头感谢或来函感谢，汇编成“Wow Stories”（惊喜故事），介绍给全世界的所有同人分享。以下即为其中一则故事。

故事地点在美国佛罗里达州的丽思卡尔顿。有位服务员在沙滩上收拾海滩椅时，遇到一位男性顾客走过来说：“今天晚上，我想要在海滩上跟我的女朋友求婚，方便的话，是不是可以留下一把海滩椅呢？”

按照规定时间回收海滩桌椅是那位服务员的工作。但是那服务员毫不迟疑地微笑着答应说：“乐意之至！”然后留下一把海滩椅。

相信任何一位体贴的酒店服务员，都会不吝啬帮这一点忙。

但是这位服务员好人做到底地留下一整套海滩桌椅，而且还替海滩桌铺上纯白桌巾，摆上鲜花和香槟，并在海滩椅前铺叠毛巾，避免男子在跪地求婚时让沙子弄脏了膝盖。

然后还特地回酒店把工作服（T 恤配短裤）换成和同事商借来的燕尾服，再回到沙滩，把一切布置妥当后，手披白巾待命，等待那对情侣。

这位服务员所做的，远远超过了顾客留一把海滩椅的请求。

有时候，规定太过详尽的服务手册，反而可能把服务员限制在既有的服务制度中，扼杀了服务员随机应变的能力。所谓超越服务的瞬间，就是对于顾客没有明言的需求都能主动满足，并做到远超预期。

丽思卡尔顿的服务员，随时在思考：顾客有哪些需求，是连顾客自己都还没有想到的？对于那些需求，自己该怎么做才能给予最佳的响应？这就是该名海滩服务员能够提供如此感性服务的原因。

不过，丽思卡尔顿感性服务的对象，并不限于求婚这类人生大事。有对感情非常好的夫妇，经常驾车光临位于美国西海岸尼古湖（Laguna Niguel）市的丽思卡尔顿。那对夫妇曾为了某纪念日而入住三个晚上。其间，爱花的夫人请酒店每天以不同的鲜花摆饰客房。到这里为止，都属于酒店的正规服务范围。

那次之后，先生为了工作，曾独自入住了一个晚上。这次，顾客虽然没有特别指示，服务员仍然依据前例，在客房内摆了和上次相同的鲜花，并告诉顾客说："这是酒店的一点心意，您可以把花带回去送给爱花的夫人。"

这件事情让那对夫妇觉得酒店非常重视他们，连上次夫人吩咐的鲜花种类都还记得。所以，心意虽小，却一样能给顾客出乎意料的惊喜、给顾客感动。

第3课

服务，是相信放诸四海皆准的信条

丽思卡尔顿创造感动的“信条”

丽思卡尔顿的信条，放诸各行各业皆准，因为它是服务业的基本理念。甚至可以将丽思卡尔顿改成自己的名字，将场景改为在家中招待亲友，一样说得通。它代表的是款待顾客时，重视人与人接触的精神。也就是悦客服务的普世价值。

3.1

信条的诞生

为了不受流行左右、不受地域影响、随时保持优质的服务，丽思卡尔顿制定“信条”(The Credo)，作为全体员工的行动依据。

信条是丽思卡尔顿的基本信念，不因时代变迁或所在国家、地区而异。信条的精神不变，丽思卡尔顿的服务就不变。

素有“酒店业之王”美誉的丽思卡尔顿酒店，是一八九八年时，由创立于巴黎的丽思酒店和创立于伦敦的卡登酒店合并而成的酒店公司。

丽思卡尔顿酒店公司成立之后，恺撒·里兹（César Ritz）到美国发展，在纽约、波士顿、费城、华盛顿等大都会地区开设豪华酒店。可惜由于文化差异，并未获得当时的美国市场支持。位于波士顿地区、最富欧风气息的那一家，是唯一以豪华酒店形态幸存的。

一九八三年，美国亚特兰大不动产大王威廉·强森(William B. Johnson)，号召一群志同道合的同业朋友，共同开设新酒店“君王酒店”(The Monarch Hotel)，而且将不以合理服务自我局限，以追求个人服务为理想。

就在君王酒店如火如荼兴建的当时，丽思卡尔顿酒店即将出售的消息传入强森耳中。强森闻讯火速飞往波士顿，买下丽思卡尔顿的所有权和商标使用权。

集丽思卡尔顿的传统与君王酒店的理想于一身，也就是各位今日所见的“丽思卡尔顿酒店”，自此诞生。

丽思卡尔顿酒店公司正式成立于一九八四年。五位酒店业巨头在强森号召下讨论：“对顾客或对员工而言，丽思卡尔顿是什么样的？酒店方面又该如何满足顾客与员工的期待？”

他们将讨论结果整理成条文写在纸上。

而那些条文，就是尔后丽思卡尔顿人所称的“信条”。它是丽思卡尔顿的使命与服务哲学的精华，也是不受时代变迁或地域国情左右的永恒的价值观。

信条经常被误解为作业手册。在美国社会，同一家公司可能拥有语言、文化、教育背景多元的员工，因此有必要制定作业手册，记载作业规则，方便员工理解与遵守。

然而信条与作业手册不同，它是要让员工用心领会并实践的。当拥有相同感性意识与价值观的一群人，真心领会信条的真谛，即使没有作业手册给予详细规定，也能自然而然做出相同的服务。

这就是信条的基本概念。

信条

给顾客最真心的关怀与最舒适的享受，
是丽思卡尔顿的终极使命。

提供体贴入微的个人服务与完善齐全的设备，
营造温馨舒适与优雅的环境，是我们的承诺。

身心舒畅、幸福洋溢与出乎意料的感动，
是丽思卡尔顿经验的最佳写照。

对员工的承诺

丽思卡尔顿的绅士与淑女是实现客服承诺的重要资产。

奉行信任、诚实、尊敬、正直与奉献原则；
培养人才、使人尽其才，
以创造员工个人与公司双赢的局面。

丽思卡尔顿致力于营造重视多元价值、提升生活质量、
满足个人热情抱负、强化丽思卡尔顿企业魅力的工作环境。

服务三步骤

一、温暖且真挚的问候。问候时要唤出顾客姓名。

二、预期并满足顾客的每个需求。

三、真情流露的道别。给顾客温暖的再见。
说再见时要唤出顾客姓名。

丽思卡尔顿第一任总裁，也是起草信条的创业元老——霍斯特·舒尔茨（Horst Schulze），经常在演讲场合被听众询问丽思卡尔顿的成功秘诀。

他总是这么回答：
“所有的成功秘诀，都写在我们的‘信条’里。
那就是全部的秘诀。”

3.2 放诸各服务场合皆准的信条

丽思卡尔顿的员工都会随身携带一张四折卡纸。

卡纸表面印有“信条”“对员工的承诺”“箴言”“服务三步骤”，内侧印有“二十项基本原则”（The 20 Basics），合称为《黄金标准》（*Gold Standards*）。

信条：

“给顾客最真心的关怀与最舒适的享受，是丽思卡尔顿的终极使命。

提供体贴入微的个人服务与完善齐全的设备，营造温馨舒适与优雅的环境，是我们的承诺。

身心舒畅、幸福洋溢与出乎意料的感动，是丽思卡尔顿经验的最佳写照。”

即使将信条内容中的丽思卡尔顿部分，改成高级车品牌或珠宝店名，也不会格格不入。

丽思卡尔顿的信条，放诸各行各业皆准，因为它是服务业的基本理念。

甚至可以将丽思卡尔顿改成自己的名字，将场景改为在家中招待亲友，一样说得通。也就是说，丽思卡尔顿信条的意义超越商业服务范畴，它代表的是：款待顾客时，重视人与人接触的精神。

丽思卡尔顿的信条，就是悦客服务的普世价值。

“信条”虽然是以平易近人的文字写成，不过若想完全领会其精神而予以实践，非得下一番功夫思考每一字句的含义不可。

首先得思考：怎样才是“真心的关怀”？

而我又试着思考款待与服务的差别。我发现，款待与服务差了“六英寸”——这是纽约丽思卡尔顿的酒保，诺曼先生给我的启发。

诺曼先生，是一个自我风格独特鲜明，却又亲切的人。

“史提夫，这杯是我为您调的最好喝的马丁尼喔！气味很棒吧?!”

“珍，您看看，这杯亚力山大调得很……”

他总是一边和顾客聊天，一边把饮料递给顾客。

而且，他还会以流畅自然的手势，把饮料杯再往顾客方向挪近六英寸，送到顾客面前，同时满脸笑容地带上一句：

“请享用!”

动作自然流畅，时机掌握恰到好处，服务过程一气呵成，所有顾客都为之着迷，简直可以用诺曼魔术来形容。

他的服务表演实在是太精彩了，我忍不住在某次宴会借机询问：“为什么一定要把饮料杯再往顾客方向挪近‘六英寸’?”

诺曼回答说：“我从心底重视我的顾客。把饮料杯再往前挪近六英寸的目的，是接近顾客的心，把我的爱传递到顾客的心中。”

把饮料杯再往前挪近六英寸那瞬间，

正是让服务升华为悦客服务的瞬间。

而能不能把服务升华为悦客服务的关键，就在于有没有认真思考“真心的关怀”的真意并予以实践。

所以，诺曼依照自己的工作情况，把真心的关怀定义为：利用把饮料杯再往前挪近六英寸的举动，把自己的心意传达给顾客。而那份心意，正是诺曼培养独特迷人的服务风格，让服务升华为悦客服务的关键。

由以上故事可知，信条内涵之深远，光是其中一个条文里的一句“真心的关怀”，就可在各个工作面向找到深刻的解释。

3.3

企业对员工的承诺

在丽思卡尔顿的《黄金标准》中，就属“对员工的承诺”这一项目最为独特。

奉行信任、诚实、尊敬、正直与奉献原则；培养人才、使人尽其才，以创造员工个人与公司双赢的局面。

丽思卡尔顿致力于营造重视多元价值、提升生活质量、满足个人热情抱负、强化丽思卡尔顿企业魅力的工作环境。

丽思卡尔顿对员工的承诺，等同公司对员工的宣示文。丽思卡尔顿愿意承诺员工：把员工视为绅士或淑女，给予尊重；让员工一展长才，愿尽最大能力提供各种在职教育机会、协助员工实现抱负；充实职场环境，让员工有充实的生活。

丽思卡尔顿的职场环境，有许多可以让员工思考理想领袖应有姿态的暗示。在全球化快速进展的时代中，丽思卡尔顿经常要员工思考：什么叫作多元文化？什么样的环境才叫作尊重多元文化的环境？

员工应该被视为专业“人财”、企业最宝贵的财产，而非只是在现场执行任务的“人才”，是企业应该要有的明确意识。当然，这样看待员工的企业，也会要求员工必须以最负责任的态度，恪守专业人才应尽的义务。当企业与员工都有这样的意识之后，双方才能建立真正的伙伴关系。

然而现在，许多企业与员工的关系正好相反。

“我们遵从公司的规定。我们绝对不会对公司做出××的行为”是一般企业员工对企业的心理写照。员工，通常是在公司约束下行动的。

是企业给员工承诺，还是员工承诺接受企业约束？两者的最大差别就在于：企业与员工的互信程度。以我个人的感受为例，进入丽思卡尔顿工作之后，我有两个感受变强烈了。其一是我对工作的责任意识，其二是工作带给我的充实感受。

而这种心境转变，是很自然的。因为公司信赖我们，所以我们想要响应公司对我们的信赖，如此自然。

常有顾客说：“丽思卡尔顿的每位员工，都是乐于工作的样子喔！”

丽思卡尔顿的员工之所以乐于工作，是因为大家都能从事具有开创意义的工作，并且从中获得赞许与喜悦。所以，顾客的那些赞美，都是员工相信公司并为工作付出而来的。

3.4

“我们是服务绅士与淑女的绅士与淑女”

翻开《黄金标准》卡片，在“箴言”部分，有一段特别用大字体书写的文字。

“We Are Ladies and Gentlemen
Serving Ladies and Gentlemen.”
（我们是服务绅士与淑女的绅士与淑女。）

这一段文字的意思是，丽思卡尔顿的员工和顾客一样，人人都是绅士淑女，应该以同样身为绅士淑女的态度与感性从事工作。

在丽思卡尔顿提出这个概念以前，绝大多数酒店员工都认为，服务员的地位在顾客之下，是仆役性质的工作；在提供服务时，必须谨遵顾客为尊、侍者为下的基本道理，而且认为这一切都是理所当然的。

其实，这样的关系是会妨害服务员与顾客互动、互信的。因为“对等的关系”与“互敬的气氛”，是服务员由衷服务顾客的两项不可或缺的关键。

就精神层面而言，如果只是被动接受顾客吩咐而给予服务，是很难从服务工作中得到快乐或成就感的。因为，人唯有在人格受到对等的尊敬时，工作才会有干劲。

丽思卡尔顿在“箴言”里明白揭示：丽思卡尔顿的员工，必须有如绅士淑女一般的行为举止与感性。事实上，这个要求，比起平常的酒店职务，一点也不轻松。

丽思卡尔顿的服务员，除了必须修养外在行为举止之外，还必须修炼内在精神，以培养成熟的人格。

加州尼古湖（Laguna Niguel）的丽思卡尔顿曾有过这么一则故事：某位刚畅快打完高尔夫球的顾客，到达酒店才发现，自己那只装了移动电话、信用卡、个人随身药品的重要行李不见了。好像是在高尔夫球场时被偷了。

顾客关系经理玛丽，发现他表情茫然地伫立在酒店一角，迟迟没有向柜台走来，便主动过去出声招呼他。得知他行李被盗之后，玛丽马上帮他向警方报案、挂失移动电话和信用卡。

然后，玛丽还暂时离开自己的工作岗位，开车载顾客到药局重新购买随身药品。

当然，那位顾客的心情，不可能因为得到这些协助就立刻恢复。所以，玛丽接着吩咐客房服务部，送一些简单的食物和红酒到他的房里招待他，安抚他的心情。

几天之后，玛丽收到那位顾客的谢函。

“那时的我，完全慌了手脚。谢谢你伸出援手，帮了我一个大忙。看你一边安慰我，一方面沉着冷静地帮忙联络处理那么多事情，我的心也跟着坚强了起来。你让我遭遇小偷的痛苦经验，转化成接受你帮助的温暖回忆。真的非常感谢你！”

成为绅士淑女，其责任相对重大，不是听命办事所能比拟的。

丽思卡尔顿的员工，必须了解“我们是服务绅士与淑女的绅士与淑女”这句话的含义，以身为绅士淑女为荣的心情工作。“箴言”中所谓绅士与淑女，其实是有如此深刻的期许的！

3.5

即使电话无法传递表情影像，也要用微笑应答

美国犹他州盐湖城的丽思卡尔顿，每天的预约电话多到令接线生应接不暇。接线生的工作，是一边接听顾客电话，一边操作计算机订位系统。他们的计算机旁，有一面小镜子。

这面镜子，是给接线生自我检查用的。检查内容是：有没有微笑着接听电话。

乍听之下，或许有人会认为：电话那头的顾客又见不到接线生的脸，是不是笑脸应答，又有什么关系呢？当然有关系。心情不悦，或是因为疲劳而缺乏活力，都会连带影响到说话声音。影响或许并不显著，但所造成的微妙差异，确确实实会经由话筒传递到顾客耳中。

许多顾客与酒店的第一次接触，就是与接线生对话。因此，接线生是不是用和顾客面对面接触时同样的笑脸接听电话，就

很重要。

举凡服务员的一小句话、用字遣辞、说话音调、眼神态度、走路姿势、制服穿法、皮肤光泽等微小细节，都有可能让顾客在无意之中，因为五感而察觉。

身为服务员，有责任展现专业服务员应有的印象。外表仪容必须得体不用说，说话时直视顾客眼睛、给予由衷的问候也是不可或缺的服务礼仪。服务员自己希望在顾客心中留下好印象，希望透过自己将公司的好传达给顾客时，自然就能做出相符的行为。

身为服务员应有的态度，《黄金标准》在“服务三步骤”或“二十项基本原则”中已有详尽的提示。

如果说“信条”与“箴言”是丽思卡尔顿的经营理念，那么“服务三步骤”与“二十项基本原则”，便是丽思卡尔顿提供给员工的行为方针。

看过其中内容的人就知道，丽思卡尔顿对员工行为的要求都很基本。就以“服务三步骤”来说：

一、温暖且真挚的问候。问候时要唤出顾客姓名。

二、预期并满足顾客的每个需求。

三、真情流露的道别。说再见时要唤出顾客姓名。

其实，大部分酒店都有类似要求，大部分服务员也会那么做。

只是，部分服务员可能会因为过于忙碌，而没有多余心思提醒自己去执行。丽思卡尔顿之所以把理所当然必须做到的事情以明文规范，是希望服务员借由随时随地的内容温习，随时让服务行为回归服务的最基本原则。

除了服务三步骤之外，丽思卡尔顿的“二十项基本原则”，也都是在提醒员工平日工作必须注意的基本原则。

3.6

反复思考“信条”内容，直至心领神会为止

“丽思卡尔顿的“信条”和一般公司的格言有什么不同?”我在演讲中谈到“信条”时，台下听众经常这样询问。

我认识几位朋友，是不同业界的经营者。我曾请教过他们公司的格言，其中有不少内容写得很好，和丽思卡尔顿的“信条”不相上下，而且内容几乎大同小异。

那么，丽思卡尔顿的“信条”和一般公司的格言究竟哪里不同?

答案是：其精神深入员工内心的程度。

有些立下伟大格言的公司，其格言，充其量是用匾额裱褙起来的装饰品，只有在初进入公司，或是在特别场合才会被拿出来朗诵。许多公司并没有特意制造机会，让员工在平常就能朗诵公司格言这一点，让我颇为讶异。

因为，公司格言，唯有被员工内化为自己的格言，并且落实到平日业务之中时才有价值。

丽思卡尔顿的员工，在真正领会信条的精神以前，至少诵读“信条”十次甚至一百次。而且，反复诵读的目的，不能只是知道有信条、脑袋理解信条内容就好，而是要求心领神会。

我们曾为了筹备美国某分店，和合作公司的董事或负责人开了好几次会议。当时的总裁舒尔茨是丽思卡尔顿方面的主要代表，总部方面也有许多人士出席。

总裁舒尔茨在首场会议开场时，先是自己将《黄金标准》诵读了一遍，接着要求合作公司的与会者诵读一遍。

“请问这篇“信条”的意义是什么?”待合作方的与会者诵读完毕之后，舒尔茨这么问对方。有位董事依照自己的理解提出了解释。舒尔茨听完那解释便说:“我想您还没有完全领会“信条”的精义。那么我再为各位解释一遍!”于是将信条全文，从头到尾又诵读了一次。

一边诵读信条，一边就重点加以说明，少说也要四十分钟。那场会议，光是“信条”诵读加说明这个部分就重复了两次，根本没法进展到其他议程，整场会议几乎成了“信条”研讨会。

按照一般议程安排，“信条”讲习可能只会排在第一场会议中，但舒尔茨却把它重复安排进每场会议中。

“高野先生，不好意思，不能缩减信条讲习部分吗?”到了第四场会议，某公司董事终于耐不住性子，私下向我询问。

“抱歉。舒尔茨非常重视信条。而我也认为信条的确非常重要。我们酒店同人诵读信条的次数，还是这几次会议下来的好几倍以上。”我这么回答他。

那位董事的心情是可以理解的。既然都已经牢牢记住信条内容，为什么还要一而再、再而三被要求诵读“信条”内容呢？如果我不认识舒尔茨，或许我也会这么怀疑。

然而，在舒尔茨的心里，“对信条内容有符合自己职务层级的领会”永远是第一要务。所以，以舒尔茨的考虑而言，无论实务方面的开业准备进行到什么阶段，只要信条还没有获得充分的理解，就不能贸然开业。

3.7

将公司的信条内化为自己的信念

信条卡曾在某个时期，在美国的酒店业界掀起过一小波流行。当时，各家酒店几乎都有自己的信条，但是信条的由来与卡片制作动机，却有天壤之别。丽思卡尔顿的信条，是一逮到机会就阔谈企业理念或经营哲学的创业元老的思想精华；其他不少酒店，则是为了模仿丽思卡尔顿，才编写信条，以卡片形式发给员工。

将信条印制在卡片上发行的做法，没多久就不流行了。

而且，除了丽思卡尔顿的信条以外，其他酒店的信条多半没能顺利发挥作用。不过若以逆向思考，这种现象正巧反映了信条的真谛。

其他酒店的信条终究不为员工接受的原因可能有三。

第一原因是：信条的意义没有被深刻地理解。我到现在都还时常听到一句话“信条卡是最有效的作业手册”，就是误解其意义的最佳代表。在丽思卡尔顿，信条卡绝对不会被当成作业手册对待。作业手册，是企业在处理实务（每天执行的各项活动，例如危机管理、卫生管理、效率提升）上不可或缺的指南书；无论执行者是谁，只要照章行事，就能得到某种程度以上的成果。所以，作业手册可以说是一种规范。而信条，就好比一面“感性罗盘”。当员工在现场面临问题时，都可以依据对于信条的理解，找到最适切的行动方向。尤其，当所有员工都因为信条而有相同的感性时，所有员工就能朝同一方向前进，无人偏移。

以客房清洁作业为例，无论由哪位清洁人员清洁客房，都必须让客房回复到同样的干净程度，因此需要一本详细记载清洁方法的作业手册，以指导客房清洁人员如何以最有效率的方式完成床单更换、地毯及卫浴清洁工作。客房清洁人员必须先完成基本清洁工作，才能进一步执行超越作业手册规范的感性服务（例如，配合顾客偏好，调整灯泡亮度或茶几与沙发间距）。

信条不为员工接受的第二个原因可能是：公司内部缺乏能让信条精神深入员工内心的体制。

慎重放在抽屉里保管的信条，是很难让员工内化成自己的信条的。

丽思卡尔顿会从每日例行的朝会中拨出一段时间，让总数将近三万人的全球员工思考“二十项基本原则”的内容；而且连续执行已有数十年历史，已经变成日课之一。

丽思卡尔顿的员工，每天都有机会接触信条，信条是工作生活的一部分。每位员工都习惯随身携带“信条”，“信条”不离身。

信条不为员工接受，无法获得实践的第三个原因，可能和由上而下的命令推行方式有关。

事实上，《黄金标准》中，有部分内容是需要依据当时情况做调整的。而自始至终都不会改变的，只有“箴言”和“信条”的内容。例如，“对员工的承诺”和“服务三步骤”就是后来才追加进《黄金标准》里的；“二十项基本原则”，则增修过用语表现及条目。

虽然，《黄金标准》内容增修由总部决定并执行，但增修建议之提出，都来自第一线服务现场。

有心想让《黄金标准》更臻完美的同人，会利用朝会或其他内部会议提出改进意见。

“年轻顾客已有增加的趋势，应该配合市场变化修正词语表现”“现场对保安的见解有出入。最好以明文消除歧见”……诸如此类的现场意见都会被传达到总部。总部会忠实记录下提案者的姓名和提案内容，然后送交评估。丽思卡尔顿的体制非常重视现场的意见。

因为有传达意见的体制，现场员工就不会认为《黄金标准》是公司一意孤行的规范，而是员工自己拟定、自己想要实践的信念。而且，经由自主产生的信念，是很强烈的。

丽思卡尔顿创立元老的信念，至今仍然完整保存在“信条”里；如同 DNA，一代传一代。那些信念，透过内部机制，深入每位员工的心中，不断发挥作用。

二十项基本原则

一、信条是丽思卡尔顿的基本信念。每位员工都须理解它、将它内化为自己的信念、赋予它生命。

二、“我们是服务绅士与淑女的绅士与淑女”是我们的箴言。我们是提供服务的专家，我们以尊重的态度与高尚的言行对待宾客或任何人。

三、“服务三步骤”是丽思卡尔顿的待客之本，必须落实在每一次的接待行为中，以确保顾客满意我们的服务、愿意再次光临、永远喜爱丽思卡尔顿。

四、“对员工的承诺”保障丽思卡尔顿的基本工作环境。它是每位员工的荣耀。

五、所有员工均须完成年度职务训练并通过检定。

六、公司须与员工沟通企业目标。支持公司达成目标是每位员工的职责。

七、为了创造荣誉与快乐，参与与自己相关的计划是每位员工的权益。

八、持续发掘酒店的缺点（MR. BIV），是每位员工的责任。（译注：MR. BIV 为错误 Mistakes、重做 Rework、故障 Breakdowns、无效率 Inefficiencies、程序差异 Variation in work processes 五单词首字母简称）

九、发挥团队合作、兼顾横向服务，以满足顾客与同事的需求是每位员工的责任。

十、每位员工都享有充分授权。当顾客面临问题或有特别需求时，必须暂时搁置例行业务，立即陪同并协助顾客解决问题。

十一、维护清洁，毫无妥协。

十二、为提供宾客最完美的服务，每位员工有责任发掘并记录个别顾客的偏好。

十三、绝不疏忽任何一位顾客。立即平息客怨。承担并解决客怨问题，从接到客怨的那一刻起，至顾客满意为止，并记录客怨内容。

十四、“微笑——因为我们站在舞台上”。永远以积极的态度面对顾客。使用合宜的语句与顾客应答（例如“早安”“好的，没有问题”“乐意之至”“这是我的荣幸”）。

十五、无论是否在工作岗位上，都要以丽思卡尔顿酒店大使身份自持。永远以积极的态度应答。与适当的人沟通自己所关心的事。

十六、亲自陪同顾客前往酒店内任何地点，而非口头指引。

十七、接听电话应符合丽思卡尔顿电话礼仪。在第三声铃响前接起电话，并以“微笑”应答。尽可能以姓名称呼对方。如有必要请对方等候，必须先以“可以请您在线稍等一下吗？”征询对方许可。不可擅自过滤电话。避免转接来电。遵守语音留言规则。

十八、展现自信、注意个人言行。穿着丽思卡尔顿制服、遵守仪容规范，以展现专业印象。

十九、安全第一。为顾客及同人提供安全、安心且无事故的环境，是每位员工的责任。留意可能造成火灾或其他紧急事故的可疑分子。如有安全疑虑，立即通报。

二十、保护丽思卡尔顿酒店的资产是每位员工的责任。节约能源、维护酒店的环境与安全。

第4课

服务，是以热情作为原动力

丽思卡尔顿的七大基石

热情是会传染的。组织中有哪个人散发出强大的热情，那股热情就会扩散，让组织全体发热起来。整个组织充满热情，组织里面的每一分子也会跟着热情洋溢，带动公司整体成长。

4.1

PRIDE & JOY
荣耀与喜悦是工作活力的泉源

之前也有跟各位提过，丽思卡尔顿会把服务员和顾客互动的温馨小故事汇编为“卓越事迹”（Story of excellence，别称 Wow Stories 惊喜故事），每周利用两次朝会时间和全体员工分享。本书所分享的是丽思卡尔顿员工都听过的经典实例。

把讯息传递给全体员工有两个用意。

一是为了教育，借由故事分享，让其他服务员思考：如果当时是我在场，我会怎么做？借由自我反问的方式，让服务员思考，什么样的服务才能感动顾客。

第二个用意，是要告诉员工，他们从事的是一份充满荣耀与喜悦的工作。

人为了什么而工作？是为了金钱或生活吗？的确，不工作就没有饭吃，可以说是终极，也最真实的答案。但是，就如

《新约圣经》名言“人活着，不是单靠食物”，人不只是为了金钱或生活而工作。无论谁都希望自己的行为能受到别人认同，希望做出一番能向家人朋友拍胸脯骄傲炫耀的事业，并且为了实现这个光荣的愿望而努力。

喜悦，也是主要的工作活力泉源之一。当顾客笑着说谢谢响应我们的付出，当自己提出感人的好点子而受到同人欢呼、称赞，甚至获得同人鼎力相助，那瞬间的感动，绝对是无可取代的无价之宝，能够日后想起依然感动而一再回味，为今日的工作带来动力。

一个人的能力，往往就是在“荣耀”与“喜悦”相乘之时激发出来的，不是吗？

每周都和员工分享故事的目的，是要让员工知道他们的工作充满“荣耀”与“喜悦”。把故事分享出去，除了可以让故事主角觉得光荣、开心之外，也可以让其他同人享受与有荣焉的喜悦。这是一种良性的刺激，可以激励其他同人立志以自己的服务感动顾客，让自己的服务也流传为故事。

在丽思卡尔顿，荣耀与喜悦，不只有在每星期的故事分享时间才能得到。

假设，顾客在办理退房的时候向柜台说：“在这段住宿期间，麻烦你们的客房清洁人员玛丽亚做了很多额外服务，请帮我跟她说声谢谢好吗？”

如果是在其他酒店，这个讯息可能会由柜台服务员口头转述给本人。但是在丽思卡尔顿，柜台服务员一定会尽可能请顾客把这些话写在纸上，当成谢函转交给本人。

“谢谢您的夸奖。方便的话，是不是可以请您写个留言给玛丽亚呢？她收到您的感谢留言，一定会很高兴的！”绝大多数顾客都会爽快答应提议，当下奋笔疾书。而服务员本人接到顾客谢函的喜悦，绝对是透过同僚转达的好几倍。

丽思卡尔顿同人收下顾客谢函后，会加附一张“First Class Card”（一流卡）再转交出去。从同人手中接到 First Class Card，等于接受同人的赞扬。这可以说是丽思卡尔顿为员工创造充满荣耀与喜悦的工作环境的第一步骤。

第二步骤，是每月颁发“当月最佳服务员奖”（employee of the month）。对服务员的实际工作成绩、服务态度、所获 First Class Card 数量、所获顾客谢函数量、卓越事迹流传篇数等进行综合评价后推选而出。

每间分店由各部门自行推选一至二名当月最佳服务员。人力资源部会记录当选人，在薪资考核时给予奖励，或作为晋升拔擢的依据。当选年度最佳服务员的人，还可以获得三百美元奖金或住宿招待券。

对员工而言，当选最佳服务员的殊荣与喜悦，胜过奖金或晋升，所以大家都不断努力，以争取“荣耀”“喜悦”为目标。

4.2

Don’t think. Feel!
用心感觉，先别急着思考！

大阪分店开幕以前，丽思卡尔顿创办人舒尔茨亲自来日本考察好几趟，而且每次都特地挑选日本最有名的几家酒店下榻。

某天我到舒尔茨的下榻酒店去和他商量公事时，舒尔茨问我说：“高野，你觉得这家酒店如何？”

由于我没住过那家酒店，所以先环顾大厅一周，然后告诉他我的观察心得：“大厅的动线设计得很流畅，门卫的应对也很好，不愧是名酒店，你说呢？”

舒尔茨摇摇头，认为我的回答和他的感觉有落差，于是把我带到大厅的正中央。他闭上眼睛说：“真的是那样吗？用心感觉，先别急着思考！”

经他这样一说，突然觉得有点难为情又不知所措。我照着他的要求，把眼睛闭上、用心感觉，还是感觉不出什么，只能听到由四面八方传来的细微私语声。

“怎么样？感受到这家酒店的气氛了吗？”舒尔茨说。

我这时才明白舒尔茨的意思。舒尔茨总是要求大家用心感受“气氛”——由服务员营造出来的温馨气氛、可以让旅客彻底放松心情的气氛，以及因为人际互动而形成的热络气氛综合而成的整体酒店气氛。好的酒店，有温馨悦人的气氛。而那气氛，必须以五感细细体验才能感受，不是凭借理性思考得知的。

相信很多人都有过这样的经验。进入餐厅之后，点餐之前，就能隐约想象出那家餐厅的口味；对于第一次见面的业务员，光从最初几句简单的问候，就能直觉判断对方是否值得信赖。我们经常在不自觉中，接收他人或店家所散发的讯号——气氛。

该感受气氛的，不只是接受服务那一方。提供服务这一方，更应该五感并用，细心感受：顾客现在是什么心情？有什么希望或需要？这些当然也可以透过理性推断得知，但是，最好还是先用心感觉、用心读取。

假设，有位旅客一脸疲惫地回到酒店。那位旅客，有可能刚做完运动，身心舒畅，只是肢体疲劳；也有可能是遭遇麻烦，为了处理麻烦而心力交瘁；也可能是想要安静睡个觉，不想受任何打扰；也可能是想和谁说话，转换一下心境……

上述猜想，当然可以透过直接对话而证实。只是，顾客不一定就愿意透露当下的心情或需求。尽管如此，我们还是不能凭着自己的主观思考答案，而是要从顾客的表情、口气或一举一动接收线索，用心观察整个人的感觉后再做判断。所以，还是要“用心感觉，先别急着思考”。

没错！就如“信条”提醒的一样，用心感觉，给顾客最真心的关怀，是提升“感性服务”能力的不二法门。

4.3

Let’s have fun!

乐在工作，感性自然流露

“Let’s have fun!”（一起来享乐!）是丽思卡尔顿的迎宾口号。

“邀请顾客尽情欢乐的同时，我们自己也要乐在其中!”是迎宾口号 Let’s have fun! 的精神，也是提升服务动机的重要概念。

在丽思卡尔顿，服务员可以主动提供各种非制式服务，以实践“信条”理念；这项授权还包括两千美元的自主支配金。因此，服务员可以利用充分授权，灵活应付服务所需，甚至可以联合其他同人共同为顾客制造惊奇。

充分授权的目的，是希望服务员，把服务当成可以尽情发挥感性与想象力的大好机会。而“Let’s have fun!”，也是提醒服务员自己要积极利用机会、尽情欢乐的暗号。

下面这则故事，非常能说明丽思卡尔顿的服务员，有多乐于工作。

故事地点是纽约中央公园的丽思卡尔顿。

某天，有位男子打电话到酒店的顾客关系室找客服经理。

“是这样的，我想要在中央公园里面架一块‘安洁莉雅，你愿意嫁给我吗？’的文字广告牌向女朋友求婚，而且我想让她从窗户一往下望就能看见这块广告牌，不知道你们酒店愿意帮这个忙吗？”

帮人家求婚，是何等的重责大任。一般服务员听到这种请求，难免要犹豫一会儿。但是这类任务，对丽思卡尔顿的服务员来说，反而是能够发挥感性的大好时机，所以顾客关系室毫不迟疑地答应了这项请求，随即向各个单位广征创意。

当天早上，顾客关系室的同人拿着望远镜走进男子预约的房间，还请另一位同事帮忙调整望远镜的焦距，让顾客直接看就可以看清楚广告牌上的求婚告白。帮顾客做好最万全的准备。

这对情侣抵达酒店后，顾客关系室的同人一边引导他们到客房，一边利用无线电对讲机通知在公园待命的同人揭举广告牌的时机。而且为了避免计划在女子面前提前曝光，所有过程保密到极点。

丽思卡尔顿的同人还主动帮男子布置客房：一推开房门，就有一桌摆了香槟、甜点，充满浪漫气氛的小茶几。窗边则是那一架俯视中央公园的望远镜。接下来，就是甜蜜的二人世界了……结局不用说，求婚计划当然是圆满达成。

男子委托酒店帮忙的部分，到这里就算结束了。不过，丽思卡尔顿惊喜可还没结束。顾客关系室的同人，带着衷心的祝福，趁情侣俩到餐厅享用晚餐时，再度悄悄进入客房，以一百朵玫瑰布置客房。客房清洁服务员也来支持，把床铺重新整理整齐，并在枕边洒上玫瑰花瓣作为点缀。最后，在情侣俩退房的时候，服务员还赠送了香气宜人的干燥花瓶作为礼物。

我认为，正是“Let's have fun!”的心情，带动同人编出这一连串浪漫的戏码。这种心情，就好比孩童时代，大伙同心协力准备校庆话剧演出时的心情。导演、道具制作组员和演员，虽然各有各的任务，但所有构想，都是大伙一起想、一起实现的。而且，整个过程好玩到让所有人情不自禁热情投入其中。

“Let's have fun!”的精神深植在每位同人的心中，是丽思卡尔顿企业文化的一部分。所以，乐于工作的念头，不只有在特别时机才会出现。丽思卡尔顿的同人，平常就会借由服务的机会让自己同享欢乐，同事之间也会特地想一些点子来娱乐彼此。

“Let's have fun!”的精神，充分显现在各项工作领域。即使是业务单位，也会利用一些手法，让自己的提案工作变有趣，让自己和顾客都对提案内容跃跃欲试。

例如，丽思卡尔顿就曾为了包办旧金山葡萄酒庄集会的迎宾宴，而向葡萄酒协会理事做了一次很有意思的提案简报。

丽思卡尔顿对宴会设备、餐点菜色、娱兴节目等企划内容，当然有绝对的自信。尽管如此，提案过程一样是需要艺术的。

那次提案，我们特地使用质感古朴的纸张做企划书，以英文古体字手写企划内容，然后把企划书投进真的葡萄酒瓶内，用软木栓封瓶，放入真的红酒木箱做最后包装。装企划书的酒瓶，特地取自理事家的红酒酒瓶。理事一拆木箱见到自家酒瓶，不禁莞尔一笑。

结果，丽思卡尔顿如愿拿下了该场迎宾宴的场地承办契约。当然，一定是企划内容本身够完美，才能获得主办单位的青睐。但是，我们那乐在工作的态度打动了理事，也有很大的加分效果。

整体提案让理事觉得“交给丽思卡尔顿去办，一定可以有场宾主尽欢的迎宾宴！”是丽思卡尔顿胜出的重要关键。

无论任何工作，都是能让自己发挥感性或创意的闪亮舞台。只要这么想，乍看之下困难且严肃的工作，也都能变得快乐、有趣！

4.4

Celebration!

庆贺之心是提高服务质量的关键

大家一起为同事庆祝生日或工作周年纪念日，是丽思卡尔顿的不成文习惯。庆祝生日一般是大家聚在午休室，为寿星切蛋糕庆贺。而且依照惯例，在蛋糕上面插上一张写着“你是今日之星”的卡片。每位同事都会给寿星祝福，就算是擦身而过，也不忘献上一声“生日快乐”。总之，寿星可以像卡片上写的那样，享受巨星般的风采。

如果是工作周年庆祝，通常是由上司发起，再找几位同人一起吃饭庆祝。像是工作八周年庆，大家可能会烤个八字形的饼干，或是做个有数字八的手工艺品作为贺礼。由于祝贺人的一方是用很开心的心情在做各种祝贺活动，所以被祝贺的一方也就能很轻松自在地享受被祝贺的喜悦。

庆祝文化，其实是深植于美国社会的普遍文化。丽思卡尔顿将庆祝活动纳入企业营运体系中，让它在企业生根成为企业文化。

对于员工生日，总部一定会提早在几天前，就把生日贺卡寄到各分店；各分店则会利用朝会时间，让寿星亲自领取生日贺卡。因为有这个制度，所以大家都会知道同事的生日讯息。加上丽思卡尔顿本来就有很多很感性的同人，所以只要知道有人即将过生日，大家就会自动以“Let’s have fun!”的心情为寿星庆生、与寿星同庆。虽然公司寄发贺卡的制度，只是大家举办庆生活动的契机，但这个制度的确是让庆祝文化成为企业文化的重要推手。

公司内部举办庆祝活动，对提升客服质量是有正面帮助的。

假设，有位顾客刚签下一笔大契约，兴高采烈地回到酒店，或是有对夫妇，自从蜜月旅行以后就一直很忙，到十年后的现在才再次享受旅游。如果同人平常就有庆祝的习惯，就能敏锐地从顾客的言行举止中，察觉顾客有喜事，自动给顾客“恭喜你，真是太好了!”之类的道贺，或是献上一束鲜花或一份甜点，表示恭喜。当庆祝文化深植在同人的心中，同人自然就会想要向顾客表达祝贺之意。

不妨就从帮周遭亲友庆祝重要纪念日开始，养成庆祝的习惯吧！就算只是一束鲜花，也足以代表我们对妻子或小孩的真心祝福。日积月累的庆祝习惯与爱情表现，都能涵养我们感性的心灵，让我们在面对顾客的重要日子时，有更感性的服务能力。

4.5

Chicken Soup for the Soul

心灵鸡汤——温柔是酒店工作者的必备条件

震惊全世界的美国“9·11”恐怖攻击事件发生时，我已经回日本丽思卡尔顿工作了。但是我有很多朋友住在纽约，所以到现在我都还记得，那几天晚上因为恐怖事件而心痛，因为担心友人安危而失眠的心情。

“9·11”事件发生后，不只是纽约地区，整个美国都笼罩在黑暗沉重的低迷气氛之中，使得酒店业景气受到重创。民众因为担心恐怖攻击事件再次发生而停止旅游计划，企业则因为预算下降而降低对酒店的利用。

丽思卡尔顿的业绩一度受此双重影响而跌落谷底。公司内部和其他酒店业者一样，也出现了是否该压低物料成本或裁员，以渡过危机的意见。

但是，创办人舒尔茨却以很坚定的口吻说："不可以在这个时候把桌上的饰花省掉。现在人心遭逢巨大苦难，尤其需要借由聚餐等活动放松心情，所以顾客聚会场所的鲜花尤其不能省。"

舒尔茨这一席话深深感动了我。丽思卡尔顿的使命，就是要带给顾客幸福感受。为了压低成本，连桌面鲜花都省掉的做法，很可能会让顾客的心情更加沉重。正因为顾客心灵遭受苦难，所以酒店更要尽力以服务让顾客感觉到温暖。

丽思卡尔顿自许成为顾客的"心灵鸡汤"。"心灵鸡汤"，是美国的成语，意思是"温暖人心的举动或话语"；从感冒时喝鸡汤温暖身体的习惯衍生而来，泛指能让生病的心灵或处于低潮的心情重新振作起来的温馨行为或话语。

所以，在恐怖事件后人心惊惶不定的时期，以美丽的鲜花装饰桌面，也是为顾客送上"心灵鸡汤"的表现。只要有一位顾客因为看见美丽的鲜花而心情好转，我们就要持续摆上鲜花。

波士顿曾经发生过这么一件事：一对曾在丽思卡尔顿举办婚宴的夫妇，特地在结婚二十周年纪念日当天重回丽思卡尔顿庆祝。没想到，当夫妇俩办理完入住登记，准备搭电梯上楼的时候，留守家里的十二岁女儿和管家突然来电，说是住家附近有两名蒙面的不良分子持枪闹事。

虽然管家通知这对夫妇前，已经先通知警察处理，不良分子也逃走了，女儿和管家还是觉得心有余悸，所以这对夫妇决定取消住宿，先回家再说。

到了家里，女儿因为惊吓过度还在发抖。警察安抚她说："他们只是故意恶作剧，应该不会再出现了。"她的心情才渐渐恢复平静。

重要纪念日被不良分子这么一搅和，夫妇俩原有的庆祝心情全被破坏光了，顿时失落了起来。

"难得过个结婚二十周年庆，怎么运气这么差……"夫妇俩颓丧地垮下了肩膀。就在这时，家门前突然来了一辆汽车。

司机先生手里抱着一箱东西走到门前说："这是酒店送来的。"

夫妇俩收了包裹，打开一看，发现里头竟然有一瓶香槟、一对香槟杯、一盒刚出炉的饼干、两件浴袍，还有一张卡片。

卡片上写着："恭喜你们结婚二十周年。这是酒店的一点心意，希望能帮你们继续庆祝这难得的节日，祝你们结婚二十周年快乐！波士顿丽思卡尔顿全体同人敬贺。"

4.6

Passion

热情，是组织的原动力

从在亚特兰大初试啼声直到现在，丽思卡尔顿已经是拥有六十家酒店的全球连锁酒店。丽思卡尔顿的经营理念、服务哲学以及实践机制，都是将丽思卡尔顿推向成功的动力。不过，最关键的动力，非创办人的“热情”莫属。

热情，是一切行动的原动力，它让人类把自己的梦想扩大成对全人类的关怀。如果缺乏热情做原动力，再优秀的理念或制度也很难得到落实。就如同火箭把绝大部分燃料用在脱离大气层阶段，落实一项理念或制度，让公司运作步入轨道，一样需要庞大的动力支持。而第一任总裁舒尔茨的热情，正是支持丽思卡尔顿营运步上轨道的原动力。

我第一次见到舒尔茨，是在一九八七年，我进入丽思卡尔顿工作之前。德国的柏林国际旅游展（International Tourism Exchange Berlin，ITB）每年都会吸引二十万旅游从业人员共襄盛举。那年，我代表旧金山费尔蒙特酒店（The Fairmont Hotel）到柏林国际旅游展设摊。

展出时，有位朋友跟我说："会场来了有趣的酒店家。"随即把我介绍给他口中那位有趣的酒店家——舒尔茨先生。

丽思卡尔顿的摊子位于角落，而且摊位很小。

"很高兴见到你，年轻人。你代表哪家酒店呢？"舒尔茨先生从座位中起身，给我一个很扎实的握手，同时问道。

他听到我回答是在旧金山的费尔蒙特酒店工作，接着又说："哦，好酒店！而且你老板史威格先生是一位杰出的酒店家，有很多值得学习的地方，例如……"简短寒暄几句之后，舒尔茨立刻和我聊起酒店服务的种种，而且全程握着我的手没有放开。

他还跟我说："虽然丽思卡尔顿刚起步不久，分店才几家而已，但是总有一天，丽思卡尔顿会成为世界第一的连锁酒店，因为那是我的梦想！"

才第一次见面，舒尔茨就热情地聊起自己的梦想。我第一次遇到这样的人。没聊多久，我就被舒尔茨的热情给吸引了。

"和他一起工作，一定很有趣！"这是我对他的第一印象，而且我一直记得。

就在那场旅游展的三年后，我真的进入丽思卡尔顿工作。进公司后，我获得一次机会，可以单独和舒尔茨见面。我原本想利用机会告诉他，我们在柏林见过面，没想到他一见到我劈头就说："这是柏林旅展之后第一次见面吧！史威格先生好吗?"

他居然还记得我，我觉得很讶异，因为我们在旅展上才聊了几分钟而已。这可以说是进入丽思卡尔顿工作的第一个惊喜。

接着，舒尔茨重复了在柏林旅展见面时说过的话："丽思卡尔顿将会成为服务质量第一流的世界级酒店！那是我的梦想!"

从三年前见到他的那时候起到现在，他的热情一点都没变。而我也和三年前一样，再次被他的这一番话深深吸引。

正式进入丽思卡尔顿工作之后，我发现，丽思卡尔顿的总部有许多像舒尔茨那样，对酒店工作拥有强烈热情的人。创业的五位元老如此，其他的同事也是如此。

或许，丽思卡尔顿原本就聚集了一大群对酒店工作拥有强烈热情的人，但是我也觉得热情是会传染的。组织中有哪个人散发出强大的热情，那股热情就会扩散，让组织全体发热起来。整个组织充满热情，组织里面的每一分子也会跟着热情洋溢，带动公司整体成长。

现在，第二任总裁西门·库珀（Simon Cooper）所带领的干部们，打算让丽思卡尔顿的 DNA 再次进化。而且不只库珀，就连现场同人也都有这种企图心。

在服务动力不足的服务业现场，时常可以听到服务员说"为顾客服务成那样，顾客不感动，等于白做工”，或是“我们本身就没有那个能力去提供质量那么高的服务，也没有在学习相关知识，我们一定做不来的”之类的傻话或丧气话。然而，愈是在这种颓丧的气氛之下，服务质量愈不可能获得提升。

相反地，现场里面，只要有一个人有热情，就算那个人不是干部，也能逐渐发挥影响力。起先或许还会继续空转一阵子，但只要持续对工作投注热情，那股热情还是会渐渐感染周遭同人，最后扭转整个职场气氛。

记得我在纽约的史塔特勒·希尔顿酒店（The Statler Hilton Hotel）当餐厅服务员的时候，我会特地把杯、盘、剩饭分类收回收餐车，以方便洗碗作业。对日本人而言，这是很自然的收餐习惯。

但是其他服务员的习惯，是把所有杯盘混叠在收餐车上。或许是只有我的习惯和其他人不同的缘故，其他服务员都看不习惯我的收餐方式，就连洗碗工也是。大家都以奇怪的眼光看我，觉得餐厅里来了个奇怪的日本人！

不过我并不以为意，还是依照自己的习惯分类收餐。一段时间之后，周围的眼光渐渐有了改变。由于分类收餐原本就是为了方便洗碗工作，所以洗碗工同人最先改变对我的态度。接着对我释出善意的是一般服务生。因为我习惯把桌面收拾得很干净，所以顾客对餐厅服务生的印象很好，小费也给得愈来愈大方。当我和洗碗工以及一般服务生的关系变好之后，原本一直坚持个人做法的其他收餐服务员，突然在某天开口跟我说："嘿，这次让你教一下我们你的收餐方法好了。"

所以说，热情，是影响周遭的原动力。愈是热情，愈能为现场或组织带来大幅度的改变。

4.7

Empowerment

充分授权，以最快速度响应顾客的愿望

二〇〇四年某天深夜，香港丽思卡尔顿来了几位没有预约订房的家族顾客。爸爸的举止非常绅士，衣着却脏脏的、气色极差，小朋友也全是憔悴模样。

前台主管一看便觉得他们一定是遇到了什么事。上前了解才得知，原来他们在马尔代夫遇上了南亚大海啸。

他们一家人抵达香港丽思卡尔顿的时候，只剩两只满是泥泞的行李箱。绝大部分行李都被海啸冲走了的他们，在仓皇中勉强抓了几件刚好漂在眼前的衣服塞进行李箱，费了好一番功夫，辗转抵达香港。

那位爸爸在进入客房之后，打电话到柜台说："明天我想带小朋友到外头去玩，缓和一下他们的情绪。可是我们带过来的衣服都脏掉了，不太适合穿出去。我知道现在时间已经很晚了，

可是很抱歉，能不能麻烦你们帮忙想想办法，帮我把衣服送洗？”

挂完电话，客服经理马上登门协助，发现两只行李箱里塞了近百件衣服。就算是在一般情形下清洗上百件衣服，也是很花时间的。不过，情况由不得人。总之，服务员先把衣服运到洗衣部，前台主管、客服经理连同洗衣部同人，大家一起把衣服一件件分类好之后，才逐类丢入机器清洗。

连夜清洗，总算赶在凌晨完成了最后的整烫工作。前台主管松下一口气后忽然想到，酒店的洗衣收费比一般洗衣店贵，近百件衣物清洗下来的费用，少说也超过一千美元。

前台主管一大早就把衣服送回客房，并且安慰顾客说：“遇上这么大的灾难，真是难为你们了。”接着决定便宜六百美元给这位顾客。

顾客听到这个消息当然是高兴极了。当天出门的表情和刚进酒店时判若两人，心情开朗多了。

故事听到这里，各位是不是在想：雪中送炭固然是好事一桩，但是没有和上司商量就擅自决定打折，就公司管理层面而言，恐怕有过于轻率之嫌吧？

原则上，丽思卡尔顿是不提供费用折扣的。因为丽思卡尔顿有自信能提供和收费水平相符的服务。

那么，为什么那位前台主管撇开原则，自己决定给顾客折扣呢？其实，那位柜台主任还是没有违背原则，只是援用了另一个原则——充分授权原则。

依照丽思卡尔顿的充分授权原则，个人可以在理解丽思卡尔顿经营哲学和企业价值的前提下，做出个人认为合适的判断与行动。充分授权原则在“二十项基本原则”第十项中有明确的说明。依据充分授权原则，依现场情形所做的判断，是可以获得优先认同的。

那位柜台主任凭个人判断而决定在该费用方面给予折扣，完全是依据充分授权原则。

让现场服务员当场独立裁量，迅速形成决策，是充分授权原则的主要立意。万一好不容易想出来的好点子，在等待上司判断的过程中错失最佳行动时机，岂不造成损失？又或者，明明是顾客紧急需要的服务，却因为公司规定必须先花时间和公司商量而让顾客干着急，那顾客在获得服务的时候，还能有多开心呢？

企业唯有在最佳时机实现顾客心愿或响应顾客的需求，才能让顾客大大感动。等到顾客的愿望或需求都退去时才想要去满足，如何能感动顾客的心呢？

由此看来，充分授权，绝对是实时实现顾客心愿或满足顾客需求不可或缺的机制。

第5课

服务，是一门科学

创造感动，
不可能单靠偶然或一个人的能力

丽思卡尔顿视服务为一门科学学问，为提供最高规格服务规划体制。酒店工作者也是人，行为思虑难免有无法尽善尽美的时候，难免会有疏失。不小心造成顾客的不快时，应该避免情绪化的处理行为，以科学方法，尽可能做到最完全的弥补。

5.1

让顾客惊喜是最高竿的客服手段

裸麦港（Marina del Rey），位于美国加州洛杉矶郊外，是世界最大的游艇港都。

某天夜里，一对在情侣时代就经常到裸麦港的新婚夫妻，到丽思卡尔顿的酒吧点喝“迈泰”——夏威夷原创的热带鸡尾酒。(译注：迈泰，英文 Mai-Tai，是因为大溪地顾客喝了之后，不禁以波里尼西亚方言“最棒的”——发音为迈泰——盛赞而得名。迈泰以南洋水果调制而成，香甜顺口但酒性浓烈，有“鸡尾酒女王”之称。)

这对新人原本计划到夏威夷度蜜月，并且在当地的丽思卡尔顿过夜，结果在临行前发现新郎罹患癌症，为治疗方便，只好取消夏威夷蜜月之旅，改到港都裸麦港，点喝最有夏威夷味道的迈泰鸡尾酒，聊慰不能赴夏威夷度蜜月的遗憾。

酒保鲍伯得知之后，觉得非常于心不忍，便找时机悄悄离开吧台打了几通电话。

回到吧台后，鲍伯问二人说："愿不愿意在三十分钟后，让我安排二位到另一个地方去呢？"

三十分钟后，大厅里穿着夏威夷衫的服务员招呼二位新人说："欢迎利用卡珀鲁亚特别套房，请往这边走。"

二位新人不明就里地跟着服务员走。

目的地，是一间种植了许多兰花的，里头摆了一座水族箱，水族箱里有身形优美的热带鱼儿自在优游；床铺上方吊着用渔网做成的纱帐，床上撒了几片贝壳；浴室里有灯光柔和的民族风灯饰，整个屋子洋溢着夏威夷风情的房间。

"哇，连沙滩都被搬进来了耶！"

这对新婚夫妻手指着沙滩——盛满着海沙，上面还有一组水桶与沙铲的巨大业务用冰桶——兴奋地叫出声来。

"谢谢你们，这一切真是太神奇了！对了，我们的夏威夷蜜月计划，不是刚才在酒吧跟酒保鲍伯聊天时才说的吗？"二位新人感动得热泪盈眶地说。

最后，二人后来在加州快乐地度过了他们的"夏威夷蜜月之旅"。

为什么丽思卡尔顿总有惊喜发生呢？丽思卡尔顿称为顾客创造惊喜体验的行动为"丽思卡尔顿惊喜"（The Ritz-Carlton

Mystique）。

不过，不一定得是刚刚那则故事中，打造一间模拟夏威夷情境的蜜月套房那样大规模的企划，才算丽思卡尔顿惊喜。

- “每次来丽思卡尔顿，服务生都会直接叫出我的名字和我打招呼，让我有贵宾般的感受！”
- “如果是我去住，丽思卡尔顿就会准备好富维克矿泉水放在房间里面；如果是我朋友去住，房里放的就会是维特矿泉水。丽思卡尔顿真了不起，连我们个人的喜好都一清二楚！”
- “丽思卡尔顿竟然知道我和妻子去餐厅吃饭的那天，就是我们的结婚纪念日，不但主动恭喜我们，还招待一瓶香槟让我们庆祝！”
- “我曾经在大厅被服务员叫住，然后获得一份美术馆的简介手册。其实，想去美术馆的事情，只是在吃晚餐的时候，跟服务生稍微聊到两句而已……”

丽思卡尔顿喜欢给顾客一些小小的惊喜，看到顾客露出“不会吧，你们怎么知道？”的惊喜表情。顾客会不会觉得惊喜的重点，并不在于引发惊喜那个事件的大小，而是在于有没有被感动？丽思卡尔顿把让顾客“感动”，当成最高层次的款待。

对于一间服务零失误的酒店，顾客顶多觉得“那间酒店还不错”而已。而获得不错评价的酒店，除了丽思卡尔顿以外，不胜枚举。

丽思卡尔顿的目标，不是成为不错的酒店，而是要成为“充满感性魅力、令人惊喜的好酒店”。而“The Ritz-Carlton Mystique”正是创造感性魅力的来源。

5.2

感性服务来自全体一致的感性意识

服务的重点在于全体同人对于感性的共识。

“The Ritz-Carlton Mystique”并非诞生于偶然，它是由团队合作共同创造出来的。

就以裸麦港那对新婚夫妻的故事为例，夏威夷风套房的诞生，是因为酒保从新婚夫妻的对话中，察觉到新婚夫妻失落的心情，于是和客服经理联络，由整个酒店团队立即着手布置。

一般酒店人得知那样不幸的事情，可能会当场决定免费招待那两杯鸡尾酒，或者说一些话安慰对方。不过，前提是要能察觉对方的心情，这个能力和个人的服务资质就有很大的关系，并非人人都做得来。

再来，就算某位酒店同人有为那对新婚夫妇改装客房的构想，如果其他同人没有相同的感性，或者就算有相同的感性，可是酒店方面缺乏可以将构想付诸实行的机制，构想终究不能实现。

“没有必要做到那种程度吧？再说，也没有人有空可以去忙那些！”

当这种话出现，构想就真的不会实现了。惊喜，需要公司方面拥有健全机制，让全体同人用相同的感性，为相同目的付诸行动才能诞生。

“创造感动，不可能单靠偶然或一个人的能力。服务，其实是一门科学”，是首任总裁舒尔茨经常挂在嘴边的话。

舒尔茨的意思是：令人感动的服务，其实是由内部价值观一致的整体机制创造出来的，并非单凭运气就能体验。

科学，或许给人没有感情、冷冰冰的印象。但是，永远以最高规格款待顾客，是非常重要的服务观念。

举个例子来说。当寿司店老板对顾客说：“今天筑地水产市场没有好渔货，就请各位姑且忍耐吃吃冷冻海鲜吧！”那顾客还会觉得吃下肚的海鲜美味吗？

如果当天是否能吃到美味的寿司，必须完全仰仗筑地市场的渔货，等于是叫顾客自己碰运气。对顾客而言，这个前提并非不能想象，但是只要店家进货管理得当、保鲜处理得宜，也就不必败兴而归。

不过，寿司食材取决于大自然，不能完全拿来比喻酒店服务。

因为，酒店服务出自人为。尽管某些服务员比较细心，某些服务员比较迟钝，个人服务资质的差异，的确会为服务质量管理造成某种程度的困难。

正因为如此，丽思卡尔顿视服务为一门科学学问，为提供最高规格服务规划体制。所以，后来到裸麦港度蜜月那对新婚夫妻，就算不是在酒吧喝酒，而是在餐厅用餐；就算不是在裸麦港丽思卡尔顿，而是在大阪丽思卡尔顿，也一定能有惊喜难忘的经验。

5.3

为确保服务结果相同，编订作业手册有其必要

一家酒店总有几位能力不凡的优秀干部，例如：几乎每场大型宴会契约都能拿下的超级业务员，总有办法替大型活动打响宣传声势的公关强人，脑中熟记政经名人达六千位以上的好记性门卫，一见常客进入就能立刻指示吧台准备常客必点饮料的餐厅经理……

而且，有不少现场服务员，虽然还没到达当干部的程度，但凭自己优秀的工作能力，就能撑起现场业务。

问题来了，假设这些优秀人才集体休假去了，或是比喻得极端一点，全辞职了，现场作业会不会就天下大乱了？

由于日本民族原来就有款待宾客的天性，所以到目前为止，日本酒店的员工研习或教育，比较重视情绪层面、抽象层面的个人能力培养。以我自身的经验来说，和美国的酒店人比起来，日本酒店人的优点的确比较多一些。而且，日本的职场环境，

由于全体员工的文化思想或宗教信仰较一致，比较容易执行需要团队合作的任务。

不过，日本酒店的死穴也就在这里。

简单地说，由于日本酒店的员工素质高且整齐，例行业务都能按部就班顺利执行，所以绝大多数日本酒店都没有好好发掘员工的专长，并给予进一步的训练，好让他们发挥专长。

干练的门卫、干练的客服员、干练的公关……的确是酒店的招牌。

但是，在每一天的服务现场里，若以顾客观点思考，是哪位服务员替顾客服务都没有关系，有没有一个能让顾客兴奋期待的服务体制才是重点。而且，这个体制，必须靠整个组织共同努力才能建立。而建立体制的步骤，就是所谓的“确立作业流程”。

在确立作业流程方面，在日本来讲是以外商酒店，就世界来讲则以美国酒店较为进步。

美国酒店擅长建立作业流程，和美国属于多民族社会有很大的关系。在美国，人民的社会、文化、宗教、教育背景落差较大，众多价值观不同的人同为一家公司工作是很平常的现象。

我在纽约广场酒店工作的时候，曾看过一份人事数据，里头有八百名员工的人种、国籍、语言等各项信息。其中的语言字段，还特地用迷你国旗贴纸标示。那份数据对应付紧急沟通需求很有帮助。例如，我的语言栏上就贴了太阳国旗和星条旗，而我的秘书玛莉亚小姐精通七国语言，所以她的语言栏上就贴了七面国旗。

那时我数了数那份数据上语言栏所出现的国旗，总共有二十三面之多，代表来自二十三个国家的人一同为纽约广场酒店工作。

身为美国酒店的干部，必须管理成员背景如此多元的企业，还要推展企业活动，若非坚强的领导能力，以及能够推动企业营运的体制协助，恐怕难以胜任。这种职场环境，孕育出尊重多元文化的精神，也衍生出无论由谁执行，结果都必须相同的服务要求。

例如，清洁作业，首先需要清洁概念。然而日本人、中国人、美国人、埃塞俄比亚人、法国人等不同国家的人，对于清洁各有不同的概念。所以，酒店方面必须制定作业手册，统一清洁作业标准，让环境在任何一位清洁人员的打理下，都一样清洁。

丽思卡尔顿就是利用各项作业标准，确保各项服务保有相同的水平。然后再利用一些流程，把现场服务，从执行作业标准的层次，提升到感性服务的层次。而“信条”里边记载的《黄金标准》实践流程，就为提升服务层次提供了很好的基础。

5.4

搜集顾客喜好信息，和顾客培养感情

酒店不应该完全由住宿次数之类的数据去认识顾客。对顾客最有帮助的服务，其实是最难用量化表示的感性服务。

酒店人应该去了解：顾客喜欢哪一类餐点、喜欢哪一支红酒、习惯和哪些人往来、习惯怎么度假……了解顾客的私人喜好愈多，就愈容易和顾客建立感情。

丽思卡尔顿的服务员总是积极和客人对话。服务员主动和顾客对话的目的，是想要和顾客培养感情、赢得顾客信赖，不过，这么做对于掌握顾客的感性也相当有帮助。

丽思卡尔顿的服务员，会趁办理入住登记时，顺便询问第一次莅临的顾客是怎么得知丽思卡尔顿的。

如果顾客回答“是因为看到××杂志有专文介绍，所以想来住一次看看”，那么我们就可以透过那本杂志，尝试了解顾客的生活形态。

“是××公司的××部长推荐我，如果到大阪来，一定要住丽思卡尔顿。××先生是我以前打高尔夫球的球友，我想他推荐的酒店一定不会差，就来住住看。”如果顾客这么回答，代表顾客喜欢打高尔夫球，而且可能和他的球友××先生的品位类似。

假设订房组在接预约电话时，初步了解顾客有打高尔夫球的兴趣，那么柜台服务员就可以趁帮顾客办理入住登记的时候，或是提行李的服务生就可以趁帮顾客提行李到客房的途中，和顾客聊聊和高尔夫球有关的话题。有时候，顾客会忘记自己曾在预约电话中提过高尔夫球的事，还惊讶地说：“你怎么会知道我喜欢打高尔夫球呢？”而这也是殷勤款待的表现之一。

丽思卡尔顿的每个部门，都有为顾客喜好建立备忘数据，每位服务员，都可以查得这些数据，然后事先做好准备。

例如，客房用餐服务员，就可以直接向顾客确认说：“您喜欢的香槟是这一支，对吗？”客房清洁人员，就可以直接向顾客报告说：“我记得您好像不习惯睡软枕头，我已经帮您更换成硬枕头了。”

个别顾客喜好数据，是每位服务员记录自己在现场注意到的事情，然后汇总建立起来的。

这些数据，都会在顾客下一次莅临酒店时被调出来应用。

各部门会在顾客提出预约之后，把资料调出来看，为满足顾客的感性提早做准备。

所以，在丽思卡尔顿，顾客不需要开口指示，服务员就能自动送上顾客喜爱的香槟，自动将枕头更换至顾客最习惯的软硬种类。这些服务，都可以带给顾客惊喜，为丽思卡尔顿的魅力加分！

5.5

让同人享有一天两千美元自主支配金的意义

丽思卡尔顿的同人在充分授权原则下，可以享有三种权力（权利）。

（1）不必仰赖上司判断的自主行动权。

（2）为跨部门协助而暂离职守。

（3）一天两千美元额度的自主支配金。

对于现场工作同人而言，这三项授权真的非常受用。“想要送束花给顾客，又担心事后公司不承认买花经费……”这类顾虑，往往是扼杀实时创意的凶手。唯有对现场服务员充分授权，酒店才能创造超越一般水平的服务，实现以最高规格款待顾客的理想。

至于，自主支配金的额度为什么是两千美元，我虽然不是非常清楚这个额度是怎么决定来的，不过根据我的推测，或许和美国境内的“交通费用”有关。

记得我在洛杉矶营业处工作的时候，突然接到亚特兰大总部某位上司来电说：“如果今晚没什么特别的工作，马上来亚特兰大一趟！”挂上电话之后，我火速赶到机场，赶搭飞机到亚特兰大。抵达亚特兰大丽思卡尔顿才发现，原来是过去非常照顾我的日本友人正在那边，那位上司知道以后，决定招待他用晚餐，并且安排我做神秘嘉宾。

完全不知情的友人和我，当场又惊又喜，而且整晚都沉浸在那惊喜与喜悦之中。说来，这也是一件“丽思卡尔顿的惊喜”！

当时洛杉矶—亚特兰大航线的机票，单程定价约九百美元，事先预约，可以便宜约二百美元。但是那天的行程决定得很临时，往返机票几乎只能按照原价购买。所以，这么一趟犹如蜻蜓点水匆匆折返的行程，单是交通费用就将近一千八百美元。

如果往返洛杉矶与亚特兰大的交通费用约一千八百美元，那么美国任何两地之间的往返交通费用，有个两千美元预算应该就绰绰有余了。我从这个经验推测，两千美元的自主支配额度，或许是考虑人员移动的交通费用而来。

自主支配金的运用实例，以帮顾客递送忘了带走的重要物品居多。有了两千美元的自主支配额度，现场同人就可以亲自为顾客递送，不需要担心交通费用。

以前曾有一位来大阪演讲的大学教授，忘了自己把演讲资料和老花镜留在客房就离开了，直到搭新干线回东京途中才意识到重要东西忘了拿。想要用传真机传送数据，又担心内容曝光；利用快递寄送，又来不及当天傍晚在东京那场演讲中使用。客房清洁人员了解到情况之后，立刻赶搭希望号特快车，亲自把资料和眼镜带到东京站递给那位教授。这个举动不但让教授感动万分，也让当天演讲圆满收场。当然，也让那位教授成为丽思卡尔顿的忠实顾客。

现场同人发现商务旅客忘了带走重要工作文件，或是年长顾客忘了带走老花镜，经常是亲自跑一趟把物品送回。

作业手册里面并没有规定该如何送回客人的失物；数据内容适合传真就传真，寄快递来得及就寄快递。应变的重点其实在于：是否能对员工充分授权，让员工能在毫无顾忌的情况下思考，毫不迟疑地选择对顾客最有利的方式，替顾客解决问题。丽思卡尔顿让同人享有两千美元自主支配金的目的，就是要给现场同人最有利的决策环境。不仅如此，它还有另一个意义，就是：公司信赖员工，相信彼此拥有高度相同的工作价值观。

招待一瓶香槟王（译注：Dom Pérignon，只在葡萄丰收年酿制，是高级香槟的代表）为顾客庆祝重要纪念节日，费用是一百至二百美元；招待丽思卡尔顿自有品牌香槟，费用则不出一百美元。

举这个例子的目的是要说明，没有必要想尽办法把额度用完。丽思卡尔顿把额度定在两千美元的目的，是不使员工在选择应变方式时过分遭受局限。因为重点不在于花掉一千美元或两千美元，而在于赢得顾客的欢心，才是服务的最高宗旨。

5.6 团队合作创造惊喜体验

依我自己在美国酒店业工作的经验，我觉得美国的酒店业是一个部属之间权责划分壁垒分明的行业。

整家酒店，好像不是以公司为单位在运作，而是依照职务属性，划分成数个部门单位，个别运作。例如，客房服务工作全由客房服务部负责，客房清洁工作全由客房清洁部处理；假使宴会会场临时人手不足，负责宴会的部门也不会请求客房清洁部支持。这种业务处理特性，或许就是造成部门权责划分壁垒分明的原因。

不属于现场工作单位的业务员在大厅帮旅客提行李，事后也会遭受行李运送单位投诉。原因是，提行李的小费是行李运送员收入的一部分；业务员提行李，不但是越权行为，还会威胁到行李运送员的生计。

我在希尔顿酒店当业务员的时候，就曾好几次因为热心替旅客提行李到客房，而收到好几张越权投诉单。另外，非后台或相关职属人员不得擅自进出采购或仓管单位，也是美国酒店业的行规。

鉴于上述经验，我在离开史塔特勒·希尔顿酒店，到广场酒店面试业务经理职务时，我和面试主管说：我对薪水没有任何异议，但我很希望能自由学习各个领域的工作，自由接触各个单位，听听各单位负责人的意见。

后来，我真的如愿以业务经理职位进入憧憬已久的广场酒店，而且获得了学习调度家具、修缮水晶吊灯等各类后台工作的机会——实际撑起一家酒店的种种工作。因为如果没有公司方面的特别许可，是不能擅自接触非职掌业务的。

但是，我到丽思卡尔顿工作以后却发现，各单位之间几乎没有权责壁垒，这一点让我非常惊讶。

在丽思卡尔顿，当宴会因为某突发状况，原有人手不足以因应时，是可以向其他单位请求支持的。

“宴会人数超出预期很多，光凭我们的人手，恐怕来不及增设席位，是不是可以麻烦贵单位支持一下？”

“没问题，马上就调两名人手过去支持。他们等一下就过去。”

在丽思卡尔顿，大家对于跨部门支持请求，总是爽快答应。而如此顺畅的内部沟通与合作，的确为顾客创造了许多惊喜体验。

下面是发生在旧金山丽思卡尔顿的故事。

正午过后，一对情侣站在玄关处，脸色铁青地和门卫说话。

“不好意思，事情是这样的，我跟父亲借了辆车来到这里，然后把车子暂停在酒店旁边。没想到我们再回到停车地点的时候，车子已经被警察拖走了。我们不知道那样算是违规停车……我们是从别的州过来的，不晓得怎么联络警方、怎么把车子取回……”

门卫陪同情侣再回到停车地点，发现警察留下一张通知书，要车主自行到柏克莱取车。

“你们知道怎么到柏克莱吗？”

“我们不知道怎么到柏克莱，而且身上也没有多余的旅费可以到那边。老实说，我们不是丽思卡尔顿的旅客，只是把车子暂停在丽思卡尔顿旁边而已。”

“原来如此。不过你们别担心，我还是会帮你们想办法的。”

那门卫连想都没多想就决定要帮助那对年轻情侣。

只是他自己还有任务在身，无法亲自协助他们，所以他通知大厅的客服部门，和客服部门说明那对情侣的情况，寻求其他同事陪同协助。

“这样啊。我们这边刚好有人快要下班了，不然就让他现在下班，直接过去帮忙好了。”

于是，那位同人直接下了班，用自己的车子载着那对情侣去取车，还替已经身无分文的情侣付清一百六十美元的拖吊费用。

几天之后，那男孩的父亲寄了封信到丽思卡尔顿总部，里头还附上一张支票。

“犬子的愚蠢行为给你们带来困扰了，非常抱歉。他现在觉得很后悔，已经在反省了，还请贵酒店原谅他。犬子过去是个个性乖僻的小孩，谁都拿他没有办法。但是自从那次受了贵酒店帮忙之后，他竟然懂得和气对待他人了。这都是你们旧金山的门卫和行李运送员二位服务员的功劳，是他们温暖的协助感化了犬子，真的非常感谢他们。我希望你们总部能给那二位服务员一些奖励！”

一趟旧金山之旅，让一位父亲看到自己的小孩瞬间成熟懂事起来，说来也是惊喜一件，不是吗！

5.7

同人间互递“First Class Card”以示赞赏

丽思卡尔顿成功营造融洽互助气氛的秘密武器，就是“First Class Card”一流卡。它是感谢卡；每位同人手上都有它。

假设，顾客的行李数量超出预期，行李运送员请求客房服务员协助运送。那么请求支持的行李运送员，就会在送完行李之后，送给前来支持的客房服务员一张“First Class Card”，表示感谢。

First Class，即中文的“一流”之意，是美式英语里面最高等级的称赞语；用简短一句“You are first class!”（你是一流的）传达敬意，胜过用一长串美言恭维。

而丽思卡尔顿的同人，要向热心给予协助的同人表达最高谢意时，还会再亲手奉上一张“First Class Card”。

“First Class Card”的功能，不单是促进同人之间的沟通而已。

送卡片的同人在递出卡片之前，会先复印一份留底；把正本送给本人，把副本送交给人事部门。然后人事部门就会根据卡片内容，记录是哪位同人、在什么时候、协助哪个单位、作了哪些事情，作为下次人事考核的参考。所以说，First Class Card 也等于是给有团队合作热诚的同人一个正面评价的机制。

少了公司的嘉奖机制，同人协助团队达成任务的热诚，恐怕比较难持久。丽思卡尔顿用这个机制让同人知道：只要热心付出，就能获得其他同人的尊敬和公司的赞赏。有了公司的奖励机制，同人会更积极协助团队任务！

5.8

“服务质量指针”透露的讯息

对于科学服务，丽思卡尔顿还有另外一套很科学的手法，称为“服务质量指针”（Service Quality Indicator，SQI）。

服务质量指针，是由日常工作服务的缺失记录或问题点，一项一项转化成数据记录而来的，所以也相当于顾客不满意指标。

- 电话铃响超过十声没有人响应。
- 顾客订的是配备一张大床的双人房，却被带到配备两张单人床的双人房。
- 浴室里有毛发残留。
- 冰箱里应备饮料不足。
- 顾客已经预约餐厅席位，却还是苦等了三十分钟才入座。
- 热食在送达时已经冷掉。

以上是不被允许的状况，却也是经常出现的日常业务疏忽。

面对疏忽，酒店当然得向顾客道歉，也必须对相关服务员做出适当的惩处。但是，找出疏忽发生原因，掌握避免疏失发生的关键更重要。当疏失发生之后，一定要重新检讨内部作业流程是否有瑕疵，避免疏失再次发生。

丽思卡尔顿在检讨疏失时，首先会针对每个疏失或问题状况评分。例如：电话应对有瑕疵是负十五分；预约客房类型出错是负十五分；浴室里有毛发残留是负二十分；忘记补足冰箱内饮料是负十分……

服务质量指数统一由质量管理部门统计与记录。假设，某月份的服务质量指数为四百点，那么，品管部门就调出邻月份的指数做比较，了解指数变化情形，以及指数变化所代表的意义，接着找相关部门、同人了解实情。

例如，发现服务质量指数降低，和业务员在交接时沟通不良有关时，就可以思考如何让接待工作更顺畅，是不是加强业务员外出或换班时的交接工作就可以改善。说不定，还能因为接听预约电话的同人和柜台同人的讨论，让酒店发现一套比现在更能正确传递顾客细部要求的流程。

讨论服务质量议题的重点在于：每位同人必须以和顾客相同的感性去思考问题，才能保障顾客愉快享受服务的权益。

酒店工作者也是人，行为思虑难免有无法尽善尽美的时候，难免会有疏失。不小心造成顾客的不快时，应该避免情绪化的处理行为，以科学方法，尽可能做到最完全的弥补。

第6课

服务，是从面试就开始的人才传承

丽思卡尔顿式的“人才养成策略”

以款待顾客的方式款待应征者，其实是想要换个方式，向应征者传达丽思卡尔顿的企业理念与价值观。能不能让顾客一踏进酒店就说“这家酒店，真有一股说不上来的温馨气氛”，就看新人进入酒店的头两天是怎么度过的，这种说法一点也不为过。

6.1

安排服务员为应征者开门的理由

酒店的成功秘诀是什么？

过去曾有这么一说：地段、地段、地段，除了地段还是地段。

不过，时代变迁，现代社会强调感性，“人才、人才、人才，除了人才还是人才”才是当代正确答案。人才，也就是在现场从事工作的同人，才是能否提供高质量服务的关键。

人才对其他服务业一样重要。为什么位于相同地段的连锁店，集客能力大不相同？为什么推销相同产品的业务员，业绩却因人而异？造成差异的关键，就在于从业人员所付出的心力。

丽思卡尔顿对“用人”非常讲究，不仅在招募阶段就花很多时间做评估，还每天拨出时间做教育训练。

在这里和各位分享一则我的个人经验。

我在一九九〇年进入丽思卡尔顿之前，在旧金山的费尔蒙特酒店工作。丽思卡尔顿决定在旧金山开设分店的时机，刚好是我和费尔蒙特酒店的工作契约期满之前。

参与创店工作，可以说是每位酒店人的心愿。费尔蒙特酒店是优秀的酒店，要放弃那边的工作机会，的确让人挣扎，但我还是无法抗拒自己多年来的心愿，决定先应征再做打算。

那场应征面试进行了很久。丽思卡尔顿派出包含人事主管在内的五位主管，轮流面试我。丽思卡尔顿称这个面试过程为资质选拔程序（Quality Select Process，QSP）。

时间到了旧金山分店开幕的时候，我的身份一反，变成要面试应征者的主考官。

提到那场面试，那场面让当时的我大为震撼。面试会场不在一板一眼的办公室，而是在准备开幕阶段酒店的大宴会厅。不但如此，门口还安排了两位服务员为应征者开门迎接。

面试会场还有专业钢琴演奏家弹奏平台式大钢琴。我想，那恐怕是绝大部分应征者生平第一次遇到有现场钢琴演奏的面试。

服务员还会在面试刚开始的时候，替应征者送上咖啡或果汁。而且，那场面试的服务员，全是丽思卡尔顿的主管。丽思卡尔顿特地安排主管穿着服务员的制服为应征者服务。

为什么丽思卡尔顿要为新人面试做到这种地步？丽思卡尔

顿的原则是，无论对方是谁，都一律遵循企业文化，给予对方亲切款待。

我在观察应征者的反应时，发现另外一个理由。那场面试预计招募三百五十名新人，实际应征人数约三千人。其中有近半数的应征者，看到这样的面试场面，觉得很别扭，认为自己不能适应，当下就决定直接打道回府，还是待在一般酒店工作比较自在。

以款待顾客的方式款待应征者，其实是想要换个方式，向应征者传达丽思卡尔顿的企业理念与价值观。

希望应征者亲身体验丽思卡尔顿的服务之后，思考自己是否能适应丽思卡尔顿的企业文化，或者是否真心想要去适应它。求职面试，就好比是相亲。相亲的第一道程序，就是让对方了解自己的价值观，彼此的价值观契合之后，才能论及婚嫁。

在正式录用后才觉得实际工作情况和预期落差很大，就好比是结了一场不幸福的婚姻。

想要和员工建立幸福关系，一定要从面试阶段开始，就忠实地把公司理念或价值观传达给应征者知道、理解才行。

6.2

技术可由在职训练养成，人格却难借在职教育重塑

公司是用什么标准决定录用应征者作为员工的呢？一般而言，公司会根据应征者的专业技能或过往经验，以及应征者进入情况所需时间决定录用与否。不过，我到旧金山丽思卡尔顿应征的那场面试，主考官几乎没有问过我的专业技能和工作经验。

那场面试以一对一方式进行，共有五位主考官轮流考核。在前往面试之前，我早已做好会被彻底盘查过去经历的心理准备，但主考官实际提出的问题，却大出我意料之外。

“你最近读过什么书？那本书最感动你的是什么？

你上个月有为了讨家人欢心而特地做哪些事情吗？

假设，你的同事不是很愿意配合或支持你的工作，你会怎么做？”

那场面试的提问重点全放在人格特质上，对于过去经历或专业技能，只是稍微了解便带过；整个面试过程对应征者而言，一点都不像应征工作的面试，反而比较像接受心理咨询，是非常奇妙的应征经验。

丽思卡尔顿的面试问题很另类的原因，和人才引进标准有关。在用人方面，丽思卡尔顿重视个性、价值观等人格特质，胜于服务技巧或知识。

理由是：服务技巧或能力，可以借由在职训练养成，是多累积相关知识或经验，自然就能学会的东西；而人格或价值观，则需要长时间培养才能成形，很难透过在职教育改变。简而言之，技巧可由后天训练养成，人格则难借后天锻炼重塑。

例如，业务员需要的技术或知识，无论任何人，只要肯花时间就学得会。但是，不喜欢社交，宁愿独自安静地埋头苦干的人，即使学会业务工作的技巧或知识，也很难在业务工作中有好的表现。因为一个觉得和顾客说话是件苦差事的人，是没有办法喜欢从事业务工作的。

用相反的事例做说明，道理是不是就显而易见了呢？对酒店工作者而言，个性喜欢和人沟通最重要，一开始不知道待客技巧也没有关系。只要有兴趣，愿意积极和顾客接触，待客技巧自然会随时间精进，待客知识自然会愈来愈丰富。

喜不喜欢和他人沟通，也是评估适任部门的依据之一。

总之，能不能被培养成优秀人才，是可以在面试阶段就看出端倪的。

顺带一提，丽思卡尔顿在面试应征者时，不只会评估应征者是否适合应征职缺，还会花很多时间去了解应征者的心思够不够细腻敏感、有没有伦理观念和自主能力等人格特质的各个面向。

接着再评估应征者是否能认同丽思卡尔顿的经营理念，是否有足够的资质为顾客提供最好的服务。

人才，就好比是为企业健全形体的营养素。如果引进的尽是些金玉其外、败絮其中的人，那么企业终有一天会变得形体枯槁。就如同人想要维持健康的体魄，必须注重日常饮食的营养一样，丽思卡尔顿对于人才引进，也有一套相当审慎的评估标准与机制。

6.3

成为丽思卡尔顿一员最重要的两天

丽思卡尔顿的新进同人，无论所属部门或职务是什么，都必须参加为期两天的新进同人说明会。以业务员身份进入丽思卡尔顿的我也不例外。

一般人对新进同人说明会的印象，就是学习怎么打出勤卡、怎么使用员工餐厅、认识工作守则等等。

丽思卡尔顿当然也有很多有关风险管理的各式工作守则，不过相关学习会被安排在同人到所属单位报到之后才进行。丽思卡尔顿的新进同人说明会，以消除新进同人的不安为第一要务。

再怎么有自信的人，在适应新的工作环境以前，多少还是会担心自己有没有办法在新公司生存、是不是找对了公司。

然而，不安的心情，是会影响到工作能力发挥的。为了让新进同人放松心情自在工作，丽思卡尔顿是以最温暖的方式，举办迎新座谈会，迎接新进同人成为丽思卡尔顿的一员。

丽思卡尔顿迎新的态度非常积极，从新进同人正式报到以前就开始准备。新进同人第一天上班，就可听到和自己擦身而过的同人用自己的名字招呼自己。为什么公司都还没有正式向大家介绍自己，大家就知道自己的名字了呢？原因很简单：员工餐厅从新人报到的前几天，就已经开始张贴新人的姓名和照片了。

“×月×日，××将成为丽思卡尔顿的一员。请各位给予最热烈的欢迎！”

同人从公告中得知消息后，自然会积极和新进同人打招呼。

这个欢迎方式很简单，却能让新进同人备感温暖。接下来，则是利用正式的新人座谈会，继续给新人温暖的欢迎。

那么，为期两天的新人座谈会，究竟有哪些活动呢？

第一天是：认识丽思卡尔顿。由资深同人担任讲师，热心且详细地为新人介绍丽思卡尔顿的企业历史、理念与哲学。例如：恺撒·里兹先生是以什么样的理念创办丽池酒店的；威廉·强森先生托付舒尔茨先生什么样的梦想……

现场气氛热络起来以后，课程会改以座谈会的形式进行，由主持人引导新人一同探讨：丽思卡尔顿的历史给了员工什么样的定位？各位过去的服务经验，和丽思卡尔顿的服务要求有什么不同？在丽思卡尔顿的营运模式中，员工的任务是什么？

通常，新人进入座谈会阶段之后，就不会对丽思卡尔顿这个工作环境感到陌生了，反而会发现它是很平易近人的，还会开始觉得最先听到的那些介绍不只是他人的故事，自己就是故事里的真实角色。

同时，内心也会因为了解丽思卡尔顿独特的企业文化而震撼。新人会在座谈会中陆续遇到许多未曾接触过的概念或价值观，但他们不会因此感到困惑，反倒会有如喜获新玩具的孩童般雀跃不已。

我还记得，我自己参加新人座谈会的那天晚上，也是兴奋得一夜未眠。

“居然可以在这么有意思的公司工作，真是太幸运了！

既然有充分授权这么好的制度，那么我也要善用它，给顾客贴心的服务！”

尽管合上了眼，还是有很多新的想法不断自脑海中升起，让我兴奋地梦想了一整个晚上。隔天和其他同事聊起，发现大家也是一样。

座谈会第二天，是由各部门主管轮流说明各部门职责。由总经理开始，然后是住房部长、餐饮部长、业务部长，最后是厨房的大厨。我当时是进入亚特兰大总店，所以我很幸运，可以听到创办人舒尔茨亲自讲述他的创业热情。

每位部门主管说明完职责之后都会强调：“我们部门的工作内容虽然和其他部门不同，但是，我们部门的目标和所有部门的目标是一样的。”

这句话的意思是：尽管每个部门各有不同的职责，但是目标和大家一样，都是要实现丽思卡尔顿的愿景、完成丽思卡尔顿的使命。

新人座谈会的第二天中午，各部门主管会和大家一起用餐。新人的年龄层不一，有些刚从高中毕业，年纪才十几岁；有些则和我一样，从事酒店业十多年，算是有经验的老手。总经理、各部门主管和新人同席而坐，以一视同仁的态度和大家聊天对话。丽思卡尔顿就是利用主管和部属同席、享受同等服务的方式，告诉新人说：我们都是一家人！

新人到了第二天的午餐时间，几乎就不会再因为自己是新人而惶惶不安了。有些人甚至在进公司的第二天，就有好像在丽思卡尔顿待了好几年一般熟悉的错觉。

丽思卡尔顿把新人座谈会的功能，定位在消除新人心理不安上。希望借由温暖的欢迎安定不安的情绪，让安心的感受转化成对公司的期待与信任，最后转化成对工作的自信。

如果跳过上述心境转化程序，直接传授新人服务技巧，恐怕只能培养出很肤浅的表面服务。服务员的内心一紧张，笑容就会僵硬，连带地，顾客接受服务的喜悦也失掉大半。最高质量的服务，其实是建立在服务员发自内心喜欢服务的大前提上。

丽思卡尔顿也经常将餐厅的配膳员纳入新人说明会的举办

对象。负责宴会服务的配膳员，是透过人力中介公司雇用而来的短期契约工，经常为不同的酒店工作。但是从顾客的角度来看，不管是不是正职员工，都一样是丽思卡尔顿的服务员。所以，就算是短期契约工，也是新人座谈会的对象。这么做的另外一个目的则是希望非正职员工也能和正职员工一样，对工作怀抱愿景，打心底热爱所属工作环境。

各位不妨想象一下，要在完全没有看过完成图的状况下完成一幅拼图，是什么感觉呢？一开始是不是会茫茫然不知所措，然后渐渐丧失兴趣，最后决定宣告放弃呢？

拼图的完成图，就好比是企业的愿景。即使雇用契约工，也要让他们工作得有自信；如果要让契约工工作得有自信，就得让他们也了解公司的愿景。传承企业的愿景，让同人拥有相同的愿景，也是新人座谈会的重要目的。

丽思卡尔顿希望，无论是正职的新人，还是透过外部企业雇用而来的非正职新人，都能透过新人座谈会认识彼此，在职场上互动融洽。一连串的座谈结果，都会反映到实际工作现场，成为酒店的整体气氛。

能不能让顾客一踏进酒店就说“这家酒店，真有一股说不上来的温馨气氛”，就看新人进入酒店的头两天是怎么度过的，这种说法一点也不为过。

6.4

给新人发挥创意的机会

绝大多数日本酒店，会让新人从性质单纯、内容单调、不起眼的工作做起。这样安排的用意，是希望新人先熟悉现场气氛与工作，尤其是完全没有酒店工作经验的社会新人。

以酒店工作为志业的理由因人而异。有人喜欢和人聊天，希望在大厅从事迎宾工作；有人以助人为快乐之本，喜欢客服性质的工作；有人专长营销，喜欢企划工作……

原本因为某种理想而进入酒店，却在实际进酒店工作之后，被安排到宴会部门，从早到晚被要求必须把杯盘擦得晶亮，或是被发配到客房清洁部，每天折床、吸地板度日的人，一定会认为现实与理想反差过大，犹如折磨，而在心里呐喊：事情怎么会这样……念了那么多书，做了那么多努力，不是为了来做这种工作的……

新人除了可能遭遇理想与现实有落差之外，对于现场工作做法可能也会有不同的意见：认为如果自己能做主，一定会用另外一种方式处理；认为公司规定的报告写法不理想，应该怎么写比较好；等等。

新人在内心思考了许多事情，却没有一件能对前辈或主管开口。说不定一开口，就会被喝斥："你呀，想要评论这件事，还早八百年呢。"还连带影响到自己的考绩。再怎么感性的人，被这种环境折磨个两三年以后，不对酒店工作死心或者落寞辞职也难。这是非常令人担忧的现象。

那么，酒店究竟该怎么做才好呢？

首先，必须向同人清楚说明那些看似单调不起眼的现场工作的重要性，以及和达成公司愿景的关联。丽思卡尔顿创办人舒尔茨曾说："企业最大之恶，莫过于让同人从事没有愿景的工作。"

接下来，必须了解同人的感性程度与企图心，努力创造能够培养感性与旺盛工作企图的职场环境。一个十年来不断被埋没在单调且没有前途的工作中的人，十年下来当上主管之后，很有可能重蹈昔日上司的覆辙，继续埋没部属的想象力与创造力。想要避免上述恶性循环，就得让同人趁感性最敏锐的二十岁到三十五岁这个阶段，多多发挥创意。而成立跨部门应变小组、举办公司内部商品企划竞赛、从事社会服务活动等，都是提供同人锻炼感性与人格机会的好方法。

我进入广场酒店工作的时间点，刚好是纽约鞋展会场评选期间。纽约鞋展会场是纽约各大酒店必争之地。纽约广场酒店有很好的宴会场地，当然也在评选名单之中。不过几位资深业务员却在业务会议上表示，因为缺乏能够超越其他酒店会场布置的创意而伤透脑筋。

听到这里，我的脑海中突然闪过一个念头。

我在会议上和大家说：“我们广场酒店的确拥有傲人的宴会场地可以当作展览会场，但是其他酒店一样也有很好的宴会场地。不能以最引以为傲的宴会场地承办鞋展，或许有些遗憾，但我敢说，我们面向中央公园那排客房的景观，绝对是全纽约市最棒的。我们可以尝试，把二、三楼客房的家具全部撤离，布置成以中央公园为背景的展示室，那样的画面一定很迷人！不知道各位觉得这个构想可不可行？”

没想到，公司真的采用了我的创意。

当时，不仅没有人用“好一个自以为是的菜鸟”“你以为你有多了解广场酒店”之类的话语嘲讽我，业务单位的同事还在鞋展成功落幕之后，为我举办庆功宴。纽约广场酒店对同人意见的尊重，让我非常感动，也让我深以身为纽约广场酒店的一分子为荣，而且我到现在都还记得那份感动。

利用各种企业活动，给员工发挥创意的机会，其实也是培养人才的好方法。因为历练丰富，判断力自然会敏锐，技巧自然能熟练。

6.5

利用“创意板”收集现场意见

“创意板”，是丽思卡尔顿同人自由发挥创意的园地。

各部门休息室内都有一块称为“创意板”的活动挂板，提供同人自由抒发创意的空间。

“×月×日　高野：把要给加州红酒协会的活动企划书，塞进红酒瓶做包装如何？”

“×月×日　高野：替参加狗展的小狗做一张狗狗专用住宿卡如何？还可以让饲主当作纪念品收藏喔！”

就像上面两个例子那样，大家都可以在创意板上畅所欲言，无论是刚进公司不久的新人，还是来打工的工读生。创意板征求的是创意，任何人的创意都欢迎。

如果是顾客投诉对策之类的意见，部门会马上把它列为议题讨论，即使是不紧急的意见，部门也会在三天之内收集汇总后列入讨论。只要确定那是好意见，就会立刻执行。

有意思的是，受采用的点子，通常是资历尚浅的新进员工提出来的。

这或许是因为，新进员工比较能够发现一些资深员工已经习以为常、视而不见的问题。就拿地毯上的污渍来说，资深员工可能就会因为每天看都看习惯了，把它看成地毯花纹的一部分，视而不见。而新进员工，因为对酒店内的一切事物都还觉得很新鲜，还没习惯地毯上有那块污渍，所以能够清楚看出那里有块污渍，而且认为那是块污渍。

新进员工在某些方面确实是比资深员工敏感，可以发现资深同人没有发现的某些事情，有新奇的创意。企业应该积极引导新进员工勇敢表达意见，不要让内规埋没了他们的感性。

第7课

服务，要靠学习才不会消耗

以“目标年收入”的百分之五投资自己

不管你未来希望做什么，如果你真的希望成功，就要用目标年收入的百分之五来投资自己。而且，光是那样还不够，你还要不断锻炼自己的感性。把员工的感性磨钝的，其实不是单纯或单调的工作，而是“没有愿景”的工作。

7.1

怀抱愿景，单纯的工作也有出头天

酒店里头，在餐厅收拾顾客用毕的杯盘，是实习生的工作。

一般而言，实习生和洗碗工都属于餐饮部新人或工读生的工作。我在史塔特勒·希尔顿酒店的时候，也当过四个月的实习生。

专门处理后台工作的实习生，真的就不需要感性吗？当然不是。之前也提到过，让新人尽做一些没前途的工作不好，那句话的意思是，不要让新人尽做一些没有意义的工作。

认为实习生的工作很单纯，只管把杯盘回收就好的人，恐怕只会把所有杯盘，不分种类全部堆到餐车上后推回厨房而已。但是，比较感性的人，就不会这样乱堆一通。因为，餐厅的器皿分很多种，有些不耐高温，一经煮烫就会变脆；有些很脆弱，稍微被碰撞一下就会缺一角。

如果上菜之前都没有人注意到器皿缺角，让顾客在上桌后发现那就糟了。只要是盛在破损的盘子上，再豪华的料理，也要跌价。凡事力求完美的人，即使是做实习生的工作，也会积极从工作中学习，把学习成果用服务回馈给顾客；其所提供的服务，就会和认为回收杯盘工作没什么的人不一样。

同样是做实习生，比较感性的人和不感性的人，一年下来，所累积的经验和能力，相差十万八千里。

感性的人，每天摸盘子摸到最后，用手就能感觉出手上的杯盘的硬度和重量，甚至能分辨是哪家制造商出品的。完全不用头脑思考的人，就算已经收了一年的杯盘，照样会把易碎杯盘堆在其他杯盘中回收。

造成如此差距的原因，除了个人资质，我更认为，公司没有让员工了解公司的愿景和使命是什么，才是最大关键。

如果员工从心底了解自家酒店的愿景，就会知道自己应该怎么做。例如丽思卡尔顿的使命，是以最真诚的心款待顾客以提供顾客最舒适的食宿经验，真正了解使命的实习生，即便是在回收一个盘子的时候，也会好好发挥感性，认真思考出最能带给顾客舒适用餐经验的收盘方法。

更换桌巾的工作也是一样。带着感性执行桌巾更换作业的人，时间一长，就会发现布料有好几种织法，织纱也有粗细分别。进一步学习后又会了解，表示织纱粗细的单位是支；六十支纱的手感和一百支纱的手感差很多，一百支纱的手感和丝绢差不多。

平常就愿意用心思考怎样才能提供最舒适服务的人，自然就会吸收到相关知识。那些从更换桌巾学习到织品知识的人，假如哪天调升桌巾采购工作时，就会有足够知识应付采购工作。

千万不要把员工当成操作单纯作业的机器人，那是会把员工的感性消耗殆尽的。员工一旦明确了解工作目标或愿景，即使是单纯的作业也能发挥感性。

把员工的感性磨钝的，其实不是单纯或单调的工作，而是“没有愿景”的工作。

7.2

班前例会（Line Up）是教育同人的好时机

许多企业都会费心开发员工教育制度，透过教育向员工倡导企业理念或愿景。在丽思卡尔顿的员工教育制度中，就属列队班前例会最具特色。各部门每天必定利用工作开始前的十五至二十分钟列队举行班前例会。虽然名称和一般公司一样都叫班前例会（在有些公司叫晨会），但是内容却和一般公司差很多。一般公司的班前例会，是老板或上司单向训示员工。但是丽思卡尔顿的班前例会不同，是以讨论方式进行，由司仪抛问题给同人思考并讨论。

司仪会从《黄金标准》中抽选一则内容作为该周主题，一周更换一次主题。假如这一周讨论“信条”，下一周就会讨论“箴言”。

然后再以周主题为中心，拟定日话题，日话题每日一则，每日变更。例如周话题是“我们是服务绅士与淑女的绅士与淑女”，日话题可能就会类似下列内容：

“绅士、淑女是什么样的人？

想要成为绅士或淑女，必须付出什么样的努力？

在我们这个部门里面，怎么做才符合绅士与淑女的风范？”

丽思卡尔顿不会为问题设下标准答案。同人只要用心理解每个主题的意义，把它内化为自己的理念，自然就能知道事情应该怎么做。

重点是要让同人用自己的头脑去思考。把那些内容一一编入作业手册，直接指示同人这样做、那样做，是没有办法让企业理念或愿景深深植入同人心中的。企业理念或愿景，必须让同人透过自问自答的方式去理解，才有可能转化成同人身体血肉的一部分，具体反映在服务工作中。

另外，每天举行班前例会也是有意义的。无论听到的消息再怎么震撼，时间一久还是会忘记，这是人性。所以，每天都要拨一些时间复习企业理念或愿景，才能维持记忆，就算只复习几分钟也有帮助。每天重复讨论虽然很单调，但是对于将企业理念与愿景转化为自己的理念与愿景，是非常有帮助的。

总部的质量部门，会在每周四统一发布下周的周主题和日话题给各家分店，并在通知书最上层指示每日工作重点。每日重点从“二十项基本原则”而来，这么做除了让同人每天复习一项基本原则之外，也让同人以该项原则作为当日工作重点。

这也是将企业理念与愿景化作具体行动，让同人习惯成自然的机制之一。现场一年三百六十五天都会列队举行班前例会，没有一天例外；一年下来把“二十项基本原则”从头到尾完整读过很多很多遍。

尽管资深同人可能听到耳朵都要长茧，还是需要反复温习，才能达到心领神会的地步。

教育员工，就好比在员工心里开山路。一条一年只走一次的山路，尽管走过的时候，边走边大费周章地锄草，可是走完之后没隔多久，山路上又会长满杂草，无法通行。

想要让辟好的山路一直维持在好走的状态，就得每天反复踩踏通行。而这个动作在丽思卡尔顿，就是每天的班前例会。

7.3

公司内部教育训练愈少愈好

丽思卡尔顿有一套完善的人才教育制度，是培养经理等重要干部的重要制度。丽思卡尔顿内部成立的丽思卡尔顿领袖训练中心（The Ritz-Carlton Leadership Center），在全美国也享有非常高的评价，其中的进修课程，外部企业就占了一大半。

对于新进同人，训练中心最先只会传授最基本的课题，也就是丽思卡尔顿的愿景、使命与企业哲学，因为丽思卡尔顿宁愿趁新人刚进公司的时候，多花一点时间沟通最基本的工作概念和态度。

虽然在一开始的训练课程中，具体服务技巧和礼仪仅占极少时间，新进同人一样能提供让顾客高度满意的服务。那是每位同人都用心培养职场环境而取得的成果。那么，怎样才能使丽思卡尔顿的企业理念和哲学，以具体形式表现在服务上呢？为了达到这个目的，又该怎样提升同人的感性，让全体同人拥有相同的价值观呢？丽思卡尔顿致力于营造的职场环境，是同人随时可以检视自己的服务行为或想法，是否和“感性罗盘”，也就是“信条”一致的环境。

丽思卡尔顿在招募阶段，就非常注重应征者的人格特质，除了品行、协调能力、专注力之外，是否具备“好学向上”的精神，也是重要指标，因为那是日后能否成为专业人员的重要条件之一。丽思卡尔顿会把教育训练控制在最低限度，但前提是，同人必须完成一定程度的教育训练。

如果一开始就以经历作为优先聘雇标准，而忽略人格方面的审查，日后恐怕必须耗费相当多时间与心力，教育员工应有的工作态度或规则，才看得到效果，而且很有可能还是看不到预期的效果。

所谓师傅领进门，修行在个人。公司的进修教育，只要完整交代基本内容就足够，员工应该自己好学向上，依照职能护照，制订自己的学习计划，例如领导技巧等等。

这是丽思卡尔顿对于人才教育的理想蓝图。

7.4

拿年收入目标的百分之五投资自己

我在美国发展的时候，就积极让自己参加各种技能进修和潜能开发课程。现在日本也有引进部分进修课程，而且办得很成功。我记得，某进修课程曾建议希望成为成功领袖的人多多投资自己，而且还提供明确数字：年收入的百分之五，作为自我投资参考金额。

假设年收入是五百万日元，就拨出二十五万日元；年收入是一千万日元，就拨出五十万日元，投资自己，让自己成长。

不过，丽思卡尔顿有位名叫雷欧·哈特的师傅，他个人则有稍微不同的见解。哈特原本是一位职业足球明星，引退后转换跑道，进入领域完全不同的酒店业工作。我是在当营销副总经理，到澳大利亚筹备悉尼分店的时候认识他的。我在悉尼和他共事了三个月，每天都一起到悉尼歌剧院附近晨跑。

某天早晨，他一边慢跑，一边告诫我说："高野啊，你有认真规划过你自己的职业生涯吗？不管你未来希望做什么，如果你真的希望成功，就要用目标年收入的百分之五来投资自己。而且，光是那样还不够，你还要不断锻炼自己的感性。"

哈特建议的自我投资金额，是目标年收入的百分之五，而非目前收入的百分之五。

他的意思是：目前收入的百分之五，只是维持目前职务所需的必要投资；如果想要更进一步磨炼自己、享有更高的成就，就要下定决心，要求自己以目标年收入的百分之五投资自己。假设，希望未来的年薪是目前年薪五百万的二倍，就要拨出一千万的百分之五，也就是五十万，投资自己，让自己有足够的成长。哈特的建议带给我很大的震撼。

每次和哈特出差，哈特都会要求我，要记下机场到酒店途中所有的大型广告牌。然后在下次的业务会议之前，整理出各家广告厂商的业绩资料。我想，哈特一流的营销直觉，就是这样磨炼出来的吧！

任何时间、任何地点，都有锻炼感性的机会。就连搭出租车的时间，都存在锻炼感性、训练创意和判断力的机会。

哈特也很强调阅读、参加高级讲座和多结交朋友的重要性。

为了培养作为酒店人所需要的感性，他经常参观美术馆，接触雕刻等各种艺术品；欣赏当下流行的歌剧或舞台剧；每年造访一次未曾去过的地方；结交有远大抱负的朋友作为精神导师等等。哈特把这些活动视为自我投资。

哈特还以自己的经验，大力推荐运动的好处。他认为痛快地运动，让自己汗水淋漓一场，对身心健康有莫大帮助。

把做一些能让自己成长的活动视为自我投资，这想法或许是夸张了些，但是每个人的确都有需要寻找适合自己的自我成长方法，培养从事增长心智、丰富感性活动的习惯。

第8课

服务，是洞察顾客未说出口的需求

为消费大众提供连金字塔顶端顾客都感到满意的感性服务

丽思卡尔顿非常重视顾客“没有说出口的愿望或需求”，并以洞察顾客未说出口的愿望或需求为使命，也就是以提供顾客连他自己都意想不到的服务、让顾客感动为使命。持续地感动，就有机会升华成“感谢”。

8.1

重视前百分之五的感性

丽思卡尔顿的品牌策略非常简单：以前百分之五的顾客层为核心顾客。这前百分之五的顾客，是经济能力或社会地位较上层的顾客。

不过，不了解的人可能会误会，以为丽思卡尔顿只把有钱人当顾客，对一般民众不屑一顾。

这样想的人，误会可就大了。丽思卡尔顿的营运目标，并不是“服务前百分之五的顾客”，而是“提供连前百分之五的顾客都满意的感性服务”。

两种说法听起来很类似，但其意义可是相差十万八千里。前者的意思，是仅以金字塔顶端的顾客端为服务对象；后者的意思，是对广大的消费大众提供连金字塔顶端的消费者都感到满意的感性服务。目标和市场的反应是不一样的。

丽思卡尔顿的顾客非常多元。平常投宿在商务酒店，偶尔想要让心灵接受高级气氛洗礼的顾客，或是心血来潮想要体验贵宾级生活享受，让生活多点新鲜的顾客，都是丽思卡尔顿的顾客。

品牌的使命，就是要实现对顾客的承诺。丽思卡尔顿也背负着这样的品牌使命。如果顾客一心期待享受感性服务，却只获得和一般酒店没有两样的普通服务，那顾客绝对不会踏入丽思卡尔顿第二次。因此，丽思卡尔顿有义务为顾客提供和品牌承诺相符的服务。

如果换个说法，前百分之五，就是丽思卡尔顿的服务质量目标。因为，如果能让高阶层的消费者满意，应该也能响应所有顾客的期待。而丽思卡尔顿就是以这种想法，磨炼感性、精进服务技术。

8.2

品牌联盟胜过建立副牌

品牌的建立是持续遵守对顾客的承诺。经常变换形象或服务质量的品牌，恐怕难以获得消费大众的认识。

若由此观点来看，建立“副牌”是有困难的。

假设，有一个专攻熟龄顾客的高级品牌，为了吸收年轻客层，开发了一个平价的副牌。即使原有的主打品牌没有任何变化，消费大众却很可能因为副牌的出现，改变对主打品牌的印象，造成主打品牌在消费者心中的地位产生变化。

就算创立副牌的目的，是想利用低价的副牌打击对手，但也有可能反而陷入副牌和主打品牌抢顾客的窘境。

好不容易招来了新顾客，却流失掉旧顾客，恐怕不是当初成立副牌的用意。成立副牌，或许可以让企业暂时收到增加客源的效果；但若以长远的眼光来看，极有可能带来削弱主打品牌寿命的负作用。

丽思卡尔顿没有成立“小丽思卡尔顿”之类副牌的打算。为了压低价格而降低服务质量，反而会使磨炼感性的舞台不保。这么一来，就算“小丽思卡尔顿”这个副牌在品牌名称上用了和主打品牌完全相同的名字，它也绝对不等同于丽思卡尔顿。

丽思卡尔顿集团的确拥有另一个品牌，即成立于二〇〇四年的“宝格丽酒店及度假别墅”(Bulgari Hotels & Resorts)。(译注：企业品牌创立于二〇〇一年；第一家酒店 Bulgari Hotel 于二〇〇四年成立。)

宝格丽酒店及度假别墅旗下的宝格丽精品酒店（Bulgari Hotel)，兴建于意大利米兰市中心一片辽阔的绿地之中，格调静谧优雅。从外观建筑到内部装潢，全由宝格丽集团的设计师亲自操刀，酒店营运业务则交由丽思卡尔顿集团专业经理，酒店里无处不显不凡品位。

宝格丽精品酒店不能称为所谓的副牌，因为它是和同样强调奢华生活的宝格丽集团联盟营运的酒店。对高级品牌而言，操作不当的副牌，无疑是自杀毒药，不得不谨慎看待。所以丽思卡尔顿宁愿和其他志同道合的品牌合作，确保品牌信用，让两个品牌的形象相得益彰。

选择志同道合的伙伴合作，是相当重要的。宝格丽与丽思卡尔顿，不仅拥有高度重叠的顾客层，彼此的感性也很接近，因此合作经营，对各自的品牌的都有正面加分作用。

我认为，在考虑成立其他酒店品牌时，不妨舍弃成立概念不同的副牌的想法；和感性相近的其他品牌合作，其实是非常值得考虑的选择。

8.3

牙科诊所是丽思卡尔顿的竞争对手？

我回日本后一直固定到某家牙科诊所看牙。有一次，我隔了一段时间才去，一进去就给吓了一大跳。虽然早有耳闻内部已经改装，但没想到它改装得那么彻底，彻底到几乎不像一家牙科诊所。

不只是室内装潢得很有时尚感，空气中也闻不到医疗院所特有的呛人药味，听不到洗牙传出的尖锐噪声，而且有悦耳的音乐可以欣赏。

护士与柜台人员的接待也很亲切，把来诊的人当作顾客对待，不像一般医院把来诊的人当成病患看待。整个看诊经验舒适到让人连牙齿不痛的时候，也想到那里享受一下悠闲的气氛。

可惜，我没有办法一直沉浸在那个愉快的看诊经验中。

那么舒适的看诊经验，要求的不就是和丽思卡尔顿相同的生活形态吗！那么，原本打算用来享受丽思卡尔顿住宿服务的费用，说不定会被挪到享受美齿服务上去！

最近和其他产业的朋友聊天发现，不管是哪一个产业，都开始强调要“款待顾客”。例如某汽车厂就打出口号说：“我们提供的不只是一台汽车，更是提供畅快舒适的驾车经验。”

这和丽思卡尔顿不以餐旅业自居，而以“服务业”自许的做法不谋而合。那么，在款待顾客这层意义上，那个汽车厂等于是丽思卡尔顿在服务业界的竞争对手。

看来，现在丽思卡尔顿的竞争对手，不只有同样标榜豪华享受的餐旅同业。如果以款待顾客作为切入点，标榜畅快运动体验的健身中心、强调净化身心灵的美体沙龙，以及彰显身份地位的高级手表，都是丽思卡尔顿的竞争对手。

虽然用这个角度来看，擂台上的竞争对手的确是增加了，不过倒也衍生出不少异业结盟的合作机会。

就如刚才介绍的宝格丽酒店与度假别墅，就是丽思卡尔顿的异业结盟伙伴之一。另外，美国地区的丽思卡尔顿也和奔驰合作，共同推出住宿结合租车的配套服务。

丽思卡尔顿之所以和宝格丽、奔驰异业结盟，是因为彼此的待客理念一致，都是要款待顾客。所以，或许丽思卡尔顿和牙科诊所，也可以在待客理念相同的前提下，达成一桩很有意义的异业结盟。

异业结盟，是品牌策略的活棋。

8.4

能让顾客感激，品牌价值就高

高达百分之九十的回客率，可以说是迪士尼乐园的骄傲，也让它堪称史上最强品牌。就像丽思卡尔顿不把自己的定位局限在餐旅业一样，迪士尼乐园也不把自己的定位局限在游乐园或主题乐园，而是以“为游客与园区同人提供心灵活力的快乐品牌”自许。

迪士尼乐园的目的只有一个，就是要让顾客拥有幸福，也就是要让顾客拥有充满欢笑的快乐生活舞台。而实现这个目的的人，就是创造迪士尼乐园的那群感性的魔术师。

当初决定以奢华生活品牌作为定位的丽思卡尔顿，也曾向迪士尼乐园取经，积极汲取迪士尼乐园的成功经验。

“倾听市场需求，拟定能够响应市场需求的品牌策略”这句话，可以说是业务或营销会议上的老生常谈，但我认为这句话是有漏洞的。首先，我认为：市场没有需求；是每一位顾客各自有各自的需求和感性。“市场需求”这个词出口的瞬间，往往伴随着看不见顾客的脸庞、和顾客的感性交流断绝的危险。而迪士尼乐园与丽思卡尔顿酒店的共同点，就是永远注视着每位顾客的眼睛，永远提供磨炼感性的舞台。

另外，现今社会价值观多元、各类物资充足、服务周到，以满足顾客需求，已经到心灵层次的地步。更极端地说，已经到了必须满足连顾客都不自觉的需求的地步。

如果百分之百响应顾客的需求，顾客至少会觉得满意；如果不能百分之百获得回应，顾客当然就会不高兴。

对丽思卡尔顿而言，品牌代表“承诺”。

在购买的当下，顾客会在内心对商品怀抱某种程度的期待，无论商品品牌是什么。而且，购买的品牌愈高级，相对的期待就愈高。而响应顾客对商品的期待，正是品牌对顾客的承诺。当顾客的期待获得百分之百的响应时，顾客就会觉得心满意足。不过，那只是因为品牌实现承诺而满足。过去，有某一段时期，品牌只要做到实现承诺的程度就可以。现在情况不同了。市场上已经有不少企业，因为只做到实现承诺的程度而败给竞争对手，或者是因为其他理由，陆续遭到市场淘汰，只好黯然退出市场。从这个现象来看，只满足顾客需求的做法，已经无法凸显自己和其他企业的差异。

那么，想要树立起能够拥有压倒性优势的品牌，究竟得付出到什么程度呢？答案是：提供超越顾客需求或期待的服务，把服务提升到款待顾客的水平，提升到让顾客“感动”的层次。要像迪士尼乐园一样，永远让顾客雀跃期待。

丽思卡尔顿非常重视顾客“没有说出口的愿望或需求”，并以洞察顾客未说出口的愿望或需求为使命，也就是以提供顾客连他自己都意想不到的服务、让顾客感动为使命。就好像迪士尼乐园的魔术，丽思卡尔顿称之为“丽思卡尔顿惊喜”。

持续地感动，就有机会升华成“感谢”。

以佛罗里达州那对情侣的求婚事件为例。

• 不满意……顾客的需求没有获得满足

（例）海滩椅被海水溅湿，被沙子沾污。

• 满意……顾客的需求获得满足

（例）酒店留下了一张清理干净的海滩椅。

• 感动……顾客没有说出口的需求也获得满足

（例）桌上已经摆好香槟和鲜花，沙滩上也铺好垫膝盖用的毛巾，服务员还换上燕尾服迎接。

• 感谢……顾客持续对这件事感动

（例）在每年的求婚纪念日都接到服务员的祝贺信。而且在求婚五周年、十周年时还能接到总经理的招待券。

丽思卡尔顿追求的，就是超越服务的那一瞬间，让顾客由“满意”变“感动”，由“感动”变“感谢”，成为顾客喜爱的品牌。

8.5

品牌声誉良好，回客率、转介绍率就高

如何增加终身顾客，是企业活动永远的课题，而且做法也会因为时代而改变。过去，质量是商品留住顾客的绝对条件。高质量，等同高竞争力。

但是现在，各家商品的质量或设计条件相差无几，社会价值观愈来愈多元，竞争原理也产生剧烈变化。在服务业，待客精神——款待顾客的心意，已经成为新时代里的新兴竞争条件。

现在，不只酒店、百货公司、餐厅或美容院等原本就属于服务业的产业，就连汽车、家电制造业等，也都同样强调款待顾客的心意。

想要确立品牌地位，就必须兼备优质商品与待客热诚的时代已经来临。

企业可以利用回客率与转介绍率，量化品牌竞争力与品牌价值。

品牌能力好的商品或服务，能吸引顾客回流、储备终身顾客。例如，大阪丽思卡尔顿的回客率是百分之五十八，约有半数顾客会再光临大阪丽思卡尔顿。企业可以拿回客率数值和同业比较，了解自家公司品牌能力高低。

转介绍率也可以用来推估品牌能力高低。转介绍，就是俗称的口碑介绍。例如丽思卡尔顿就会去了解，来过丽思卡尔顿的顾客，会为没有来过的顾客推荐丽思卡尔顿到什么程度。转介绍率愈高，代表顾客满意度愈高，对品牌有高度信心。

回客率与转介绍率，会老老实实地反映在一般业务活动的业绩上面，也会影响企业能否培养终身顾客。

8.6

什么样的员工品格对品牌形象有加分效果？

丽思卡尔顿把品牌定义为企业对顾客的“承诺”。

“信条”明确揭示：让顾客享受诚挚的款待，提供温馨、舒适、格调高雅的气氛，预测并满足顾客未说出口的愿望或需求，是丽思卡尔顿对顾客的承诺。

企业实现承诺，品牌就能建立。

而丽思卡尔顿的绅士与淑女，也就是丽思卡尔顿的全体工作同人，就是替丽思卡尔顿在现场实现承诺的人，当然得有足以代表丽思卡尔顿品牌的人格和品格。

品格是什么呢？

姑且让我用学生时代选举班级干部的例子做说明。

有位同学总是连任班级的总务股长。原因是，同学都觉得他可以把每一块钱都管理得清清楚楚。

做事清楚而不含混，就是大家推选那位同学担任总务股长的原因。而一再推选他连任，则是因为他平常的一切言行，都给人清楚而不含混的印象。

所谓品格，就像刚刚描述的那样，是长时间的生活态度或言行举止自然成形的形象。例如某人某天心血来潮去参加公益活动，也无法在短短一天之内急速养成热心公益的性格。唯有每天重复同样的行为，维持同样的态度，才能形成品格形象。

为什么服务员拥有绅士或淑女一般的品格，和丽思卡尔顿品牌的建立有关呢？

顾客因为各种目的莅临丽思卡尔顿，例如住宿、用餐或宴会，所以酒店工作者必须在各种场合接待顾客。而那些场合的顾客，和丽思卡尔顿品牌，是互为映衬的；那些场合，则是绅士淑女品格和丽思卡尔顿品牌重叠的瞬间。

公司的任何品牌策略，都比不上顾客眼前的绅士淑女对品牌的所有阐述。丽思卡尔顿引进人才，要以人格为最优先考虑的深层意义就在这里。

技能可以透过训练精进，品格却很难透过训练改变。人格，是个人本身就有的才能之一；企业必须像挖掘钻石原石一样去发掘它，把它放到企业哲学和理念这部研磨机器上加工成品格。

第9课

服务，要像爵士乐即兴演奏

什么才是最高规格的款待？

就顾客观点而言，服务员按照服务手册完成服务工作，是理所当然的事情，也就不会因此而觉得惊喜或感动。当某位顾客喜欢某位服务员的即兴服务，那服务就很有可能是超越顾客想象、让顾客感动的服务。

9.1

服务精神从爵士乐即兴演奏精神而生

各位不觉得，身为服务提供商，就应该学习管弦乐演奏家和即兴爵士乐演奏家的精神吗？

交响乐，是最有魅力的管弦乐。钢琴、小提琴、黑管等各种乐器的声音，遵照古典乐理，结合成完美动人的旋律。

每位乐手正确演奏，是交响乐演奏的基本原则。所以，整首交响乐，就如同经过精确计算的和谐世界。

而即兴爵士乐的演奏秩序和交响乐不同；跳脱乐谱，表现个人的音乐观才是演奏重点——运用即兴演奏，碰出感性的火花。整场演奏下来会变成什么样的音乐，不到最后不见真章，就是即兴爵士乐的魅力。

或许有不少人会认为，酒店比较类似管弦乐团。但在服务现场，即兴临场反应是很必要，也很有帮助的。

但是，在酒店服务现场，就算所有酒店同人像按照乐谱正确弹奏那样，依循服务作业手册规定的服务方式服务顾客，也是没有办法创造出像管弦乐那样悦人的服务的。

假设，提行李的服务员把顾客引导到客房的时候，顾客说“今年冬天真令人难受。空气干燥得令喉咙发痛”，话说完还轻轻咳了几下。管弦乐手个性的服务员，可能会立刻想到服务手册里面对于身体不适顾客的接待规范，而说：“请您多保重。如果身体出现不适症状，请立刻和柜台联络。柜台会为您准备药品。”

如果那位顾客真的出现身体不适症状而向柜台联络，那么柜台恐怕也只是依照服务手册的规范，为顾客送上成药而已。

就顾客观点而言，服务员按照服务手册完成服务工作，是理所当然的事情，也就不会因此而觉得惊喜或感动。

那么，换作爵士乐手个性的服务员，又会怎么做呢？

他可能就不会在引导顾客到客房后立刻返回待命地点，而是先联络客房清理人员或客房服务员。客房清理人员，可能会立刻为顾客送上一台加湿器；客房服务员，可能会把统一规定的迎宾饮料（例如柳橙汁）改成热花茶。而这样视现场情形适度调整的服务精神，是不是和即兴爵士演奏有异曲同工之妙呢！

即兴爵士演奏式服务的结果会怎样，是没有办法预测的。

当某位顾客喜欢某位服务员的即兴服务，那服务就很有可能是超越顾客想象、让顾客感动的服务。而这样的服务，出现于超越服务手册的瞬间。

但是，超越服务手册的即兴服务，还是必须以服务手册为前提。

一流的爵士钢琴家加入交响乐团，一样能合奏出一流的音乐。据说，知名抽象派画家毕加索，除了作画之外，也有惊人的设计能力。同理可证，想要为顾客提供完美的即兴服务，也必须先把服务手册里的基本服务内容学好才能做到。

能掌握基本服务之后，才能接着思考如何发挥自己的感性，而不被基本规范束缚。

当自己的感性与其他同人的感应互相呼应之时，就是最高规格的悦客服务诞生之时。

9.2

原本都是以服务为乐才进入服务业的……

我内人偶尔会和朋友到某家庭式餐馆聚餐。

有一次，是一位年纪二十来岁、胸前还别着见习生识别牌的女服务员帮忙带位、点餐。那个女孩应该是刚进餐厅工作不久，对服务工作还不怎么熟练，但是很有服务热忱，在处理点单过程中，一直都是笑脸迎人。

聚餐的时候，男生比较倾向点和大家一样的餐点；说到聚餐就整个精神都上来的女生，就比较忠于自己，各点各的，所以每个人的餐点，从主餐到饮料、甜点，几乎都是不一样的。但那位女服务员一点也不以为意，全程都带着笑容接受点餐。

她的服务最令内人欣赏之处，是上菜的时候。假设一桌六人，六人都点不同的餐点，一般服务员在上菜的时候都会问说："请问 A 套餐是哪位的？""请问意大利面是哪位的？"但是那位女服务员，从头到尾都没这么问过。她以一贯的笑容，有条不紊地把每道餐点都正确送到点餐顾客的面前。

我内人回来后告诉我说：“女人聚餐聊天，最不喜欢聊到兴致正高的时候，话题被服务员问餐点是谁的而打断。那女孩从来没有打断我们的谈话，从头到尾都是自己默默地为我们上菜。而且最了不起的是，一道餐也没上错。现在，这么好的服务态度，真的是很稀奇呢。不如你去把那女孩挖到丽思卡尔顿去吧！”

没想到事隔两年，内人再去那家餐厅聚餐的经验，却让她大失所望。当时那个女孩，当然已经是服务动作成熟的老手，但是她的服务态度已经和内人记忆中的不一样了。

不但接受点餐时的口气非常制式，上餐点的时候也需要一道一道询问才有办法正确递送餐点，对于打断顾客谈话的服务行为，更是一点也不在意。

内人聚餐回来后责备我说：“如果两年前你照我的建议，把她挖到波士顿丽思卡尔顿工作，她就不会变成这样了。”

究竟是什么原因，让带着一脸灿烂笑容进入公司的人，随着工作资历增长，在不知不觉之中只剩下一副扑克脸、只懂得提供不通人情的制式服务呢？

的确有些个案，单纯是因为身心俱疲才如此，不过这种情形的问题通常不大，顶多修养一阵子就能恢复服务热忱。

最糟糕的是，在不知不觉之间忘了如何和顾客共鸣，只懂得按照规章行事的状况。例如，一开始不是很熟练，但是愿意用心避免打断顾客谈话的店员，看了前辈逐道餐点向顾客确认才上菜的做法，便觉得原来那样服务就够了，或者直接被公司教导那样才是符合规定的做法，于是在制式做法优先的学习过程中，一点一滴失掉了以顾客情况为优先考虑的感性。

某连锁酒吧在服务手册中规定，必须精神抖擞地大声向正要离开的顾客说：谢谢光临！

这个规定的立意很好，但就实际执行情况来看，服务员虽然都有大声向顾客说谢谢光临，但是其中有不少服务员在说话的时候，根本没有目送顾客离去。这项制度在最初执行的时候，应该不会是这样子的。起初，一定是再忙也会抬头目送顾客离去。只是工作一忙之后，光是要记得“出声道谢”就很费劲，才会渐渐忘了待客应有的热情。我认为，这才是最悲哀的事情。

绝大部分服务员应该是喜欢和他人接触，才会从事服务行业的。只是后来受到依照公司立场制定的服务系统或规则约束，渐渐忘记了服务的本质。如果事情真是这样，那么服务员不但没有办法继续创造让顾客感动的服务，本身也会渐渐找不到服务工作的乐趣的……

9.3

感性的门卫总是眼观三方

酒店的水平，可以从站在玄关处的门卫窥知一二。

门卫是第一个和顾客有实际接触的人，可以说是酒店的颜面，所以大多数酒店都是请酒店里面优秀的人才担任门卫。如果酒店的门卫不是很体贴，那么酒店的整体服务水平也不会好到哪里去。

我们可以从哪里看出门卫优不优秀呢？以亲切的表情或态度迎接顾客，当然是担任门卫的首要条件，不过，我们可以把“视线”也列入观察重点。优秀的门卫，总是张着感性天线巡视“三个方向”。

第一巡视：酒店大门口泊车回转道，是否有顾客的座车进出。第二巡视：有没有顾客徒步进入酒店，并留意退房顾客的动态。第三巡视：玄关前的顾客或其他同人的一举一动。门卫的工作，就是随时留意以上三方动态。

如果情况允许，再顺便判断眼前的顾客是来酒店住宿、用餐，还是来参加喜宴，然后以合宜的方式迎宾送客。

对于乘车进入的宾客，要判断是从哪家企业来的哪位贵宾。门卫必须熟记经常利用门卫服务的顾客的长相、姓名、座车种类和车牌，不能等到车门开了之后才开始认人，必须从看到顾客座车一开进泊车车道的瞬间，就赶紧从记忆中搜寻线索。

还要关心在住宿期间外出的顾客有没有专车来接，还是已经叫了出租车，还是顾客打算徒步外出，而自己又该如何接待那位顾客？

优秀的门卫无时不在注意各方动态，同时思考如何接待来自各方的顾客，才能让顾客有愉快的入住体验。就算门卫看起来只是安静地站在定点不动的时候，眼睛和头部也都是在不停转动，做全方位侦察呢！

为什么优秀的门卫可以这样面面俱到呢？

门卫进入工作岗位的第一件事，就是模拟好几组在执勤八小时之内可能会遇到的情况：配合当天宴会、会议、预约住宿、餐厅促销等内容，以及当时天气状况，模拟几组可能出现的人流和车流情形，并且判断自己需要做哪些准备。总之，就是要替可能发生的所有情况预先做好准备。

这里姑且就以大阪丽思卡尔顿为例做一场简单的情况模拟。

假设：今天承办五场宴会，其中两场是大阪本地人的婚礼，而且天空下起了毛毛细雨。面对这样的情况，门卫可能会思考：如果有老夫妇大老远从乡下赶来参加喜宴，可能会出现什么状况；有部分宾客可能会为了避免雨水溅湿一身华服，而搭新干线到大阪车站，再转搭出租车到丽思卡尔顿；搭新干线过来的顾客，可能会兴奋得在新干线上就买啤酒庆祝起来，把身上的零钱用光，到要下出租车时才发现零钱不够支付车资；而大阪车站到丽思卡尔顿的距离刚好又在出租车起步价范围内，也就是出租车司机最讨厌的短程距离，如果又遇到身上不巧只剩万元大钞的顾客，很可能会因为钱找不开而和顾客发生小冲突……

体贴的门卫想到这里之后，通常会准备好几捆一捆十张的千元钞票放在口袋中备用，一感觉到出租车上的气氛不对，马上上前询问是否需要兑换零钱，立即化解尴尬气氛。

用心的门卫通常会事先备妥四到五捆千元新钞才去站岗。不用心的门卫，往往是在顾客紧急需要的时候，才急忙去张罗小钞，或是被顾客问起哪场宴会在哪个厅举行的时候，才急忙调数据查询，甚至都已经看到出租车司机愤怒地对着乘客挥舞一万元大钞、大声嚷嚷没钱找零，也还不闻不问……

每位门卫面临的状况应该大同小异。只是，面对同一种状况所隐藏的问题，有些门卫能够发现，有些门卫却一点感觉也没有。感性的程度不同，正是造成此种差异的原因。

就好比谈生意时，有些业务员看到顾客频频偷瞄时间，就知道该赶紧进入下一个议题了，有些业务员还是在原话题上拖时间。

同一种情况下的不同反应，不就是感性程度不同造成的吗？想要提高服务质量，一定要先训练自己的想象力。等到想象力有了，判断能力也足够的时候，服务技巧自然也会变好。

9.4

对顾客的由衷款待如同爱情表现

款待顾客，就是发自内心招待顾客。这说法或许有点抽象，换个好懂一点的说法就是：用爱对待顾客。

神奈川县叶山心脏医疗中心须磨久善医师的一席话，让我对款待顾客有了新的想法。须磨医师是世界知名的心脏外科医师，目前也是财团法人心脏血管研究所的监事。

我曾问须磨医师："成为优秀的心脏外科医师的必备条件是什么？"

须磨医师说："第一，需要充沛的想象能力。例如在执行五小时以上的大型手术前，一定要在脑海中，把开始到结束的整个过程模拟一遍。第二，需要判断能力。也就是判断手术过程中可能会面临什么问题。第三，需要精湛的手术技术。而且以上三种能力都要很优秀才行。但是，除了充足的能力之外，还需要十倍以上的爱。"

须磨医师的这一席话深深感动了我。这一席话仿佛是说给我们服务业听的一样。

服务业的工作就是服务顾客，除了专业服务技术是必备条件之外，还需要良好的判断能力，以预测并满足顾客未说出口的愿望。

还有，也就是须磨医师这席话给我的启示：喜欢接触人群、热爱人群，才是服务工作的首要必备条件。

尤其是，人生病时一定需要医疗救助，而人的餐旅需求，却不一定需要借由酒店满足。

所以，如果说，心脏外科医师对于病患的爱，至少需要医疗技术或能力的十倍，那么酒店对于顾客的爱，至少需要服务技术或能力的一百倍，顾客才愿意光临吧?!

须磨医师会以各种形式表现他对病患的爱。例如，叶山心脏医疗中心讲究空间设计，就是对病患的爱的表现。

单调冰冷的白色建筑，是医院给人的第一印象。而叶山心脏医疗中心，则是采用红砖作为整体建筑的基调，还为会客室或病房规划了非常大的采光窗户。没有医院特有的昏暗印象与刺鼻药水味，叶山心脏医疗中心简直和酒店没有两样。

可能是外观不像医院的缘故，听说就曾有位穿着传统和服裤裙的男子，错以为那里是附近的某家酒店而直接跑进去问大厅的人：“喜宴会场在几楼?”

叶山心脏医疗中心最感动我的地方是顶楼。很多医院，出于安全顾虑，是不对外开放顶楼的。但是在叶山心脏医疗中心，病患和病患家属都可以自由进出顶楼。因为院方认为：可以饱览叶山专属近郊绿地，晴天时还可以欣赏傍骏河湾而立的壮阔富士山景的顶楼，是院区内最棒的复健场所。

站在顶楼，光是眺望富士山景、接受日光净浴，就能感受到有能量从体内自然涌出。据说，须磨医师遍寻各地，好不容易才觅得这一片有益身心复健的医院建地。

至于医院内部，从柜台开始，病房设计、走道上的花卉摆饰，到病患的饮食规划，处处都能感受到医者希望病患早日康复的强烈爱心。

酒店对于顾客的爱，并没有一定的表现形式。只要每天提醒自己，时时不忘以最亲切的态度接待顾客，亲切的态度自然就能转化成亲切的服务，帮自己达成真心款待顾客的目标。

第10课

服务，是向顾客学习

“是顾客教导酒店人如何成为一名酒店人的”

有些顾客会提醒服务员服务的本质是什么、哪方面的服务知识或技术还不够，偶尔也会以含蓄的话传授人生大道理。更有些时候，顾客甚至不需要说任何话，他的一举一动就是学习的榜样。许多酒店人，就是这样从和顾客学习的过程中训练自己的感性的。

10.1

岸前首相的宝贵教训

长期在酒店服务，让我有很多接触贵宾的机会。印象最深的一次经验，是一九八三年，我在纽约广场酒店服务时，遇到前首相岸信介先生莅临纽约进行非正式访问。

升国旗以示欢迎，是所有酒店欢迎国宾的基本礼仪。然而岸前首相莅临纽约的那天，不巧是十二月八日，也就是历史上日本偷袭珍珠港的那一天，实在不是在美国国土升上日本红日旗的好时机。

如果升上日本国旗，可能会引发美国民众抱怨蜂拥而至；如果不升日本国旗，又对日本首相失敬。经过再三考虑之后，酒店方面折衷决定：在岸前首相座车抵达酒店前两分钟升上日本国旗，然后在岸前首相踏入酒店大厅的瞬间降下日本国旗。

尽管当天日本国旗升起的时间，前后不超过两分钟，还是有民众看到日本国旗。所以就在岸前首相抵达酒店的时候，酒店接到好几位民众抱怨："你们酒店忘了今天是什么日子了吗？哪有在珍珠港事件纪念日升日本国旗的道理！"

幸好总经理应对得宜，当天所有事情都圆满落幕。只是这次经验，让我深深体会到，欢迎贵宾是何等重大的难题。

不过，最让我印象深刻的，其实是后来另外一件事。岸前首相听到酒店绞尽脑汁，要把红日旗升上去的消息之后，传唤我到他的下榻去。

"不好意思，真是辛苦你们了！"岸前首相一见我进来，立刻这么说道。

"我想在色纸上写几行字回敬你们酒店，虽然不晓得这么做称不称得上回礼。我需要的东西，你帮我准备好了吗？"

由于医务官木村先生稍早之前就吩咐我准备色纸和笔砚，所以我先绕到酒店附近的书局买了四张色纸，连同我自己的笔砚一起带进岸前首相的下榻房间。木村先生一见到我带了四张色纸过来，惊讶地说："不是说好请你带一张色纸就够了吗？"

没有相关常识，也不清楚一般做法的我，霎时间满脸通红了起来。

可是岸前首相却是和颜悦色地笑着说："没关系，没关系。我四张都要写。"然后把四张色纸都接了过去。

然后他还跟我说："我有抄写般若波罗蜜多心经供奉奈良某

家寺庙的习惯，已经抄写上万卷了，改天也抄一卷送你。”

当时，我以为那不过是社交上的客套辞令，没有当真。没想到，两个星期之后，我收到一份从日本寄来的邮件，里面竟然是岸前首相亲笔抄写的般若波罗蜜多心经——以金黄笔墨书写在绀青色纸上，还有岸前首相的落款。岸前首相不但不认为四张色纸是在质疑自己的书法能力而觉得耻辱，还确实兑现了对一名酒店人员的承诺！

10.2

来自顾客的启发

就像岸前首相教我对待他人的应有态度一样，有很多时候，是顾客教导酒店人如何成为一名酒店人的。

有些顾客会提醒服务员服务的本质是什么、哪方面的服务知识或技术还不够，偶尔也会以含蓄的话传授人生大道理。更有些时候，顾客甚至不需要说任何话，他的一举一动就是学习的榜样。许多酒店人，就是这样从和顾客学习的过程中训练自己的感性的。

不过，训练感性不能只是一味学习，还要从尝试提供能感人的服务中学习。而且，服务员提供顾客感人的服务，除了能训练自己的感性外，还能丰富顾客的感性。

例如，有位服务员就曾因为和对红酒很有研究的顾客聊天，而学到很多有关红酒的知识，而且深深地被红酒的奥妙吸引。后来那位服务员又自己去学习红酒的知识，还以成为世界级红酒侍酒师自我期许。最后，他梦想成真，成为一流的红酒侍酒师。在酒店，像这样顾客和服务员互相给予良性刺激，刺激彼此成长的理想例子确实不少。

近来我感觉到，在酒店的服务场合里，可以训练酒店人感性的机会愈来愈少了，我觉得有些遗憾。和过去的顾客相比，现在的顾客的感性绝对不比过去的顾客差，但是顾客和服务员互相学习砥砺感性的机会却是不如从前。

现在的顾客，在服务员引导到客房的途中，几乎是不开口的，除非必要；用餐的时候，顶多和服务员说句“谢谢招待”，甚至只说“谢谢”两个字，一切交谈以简短为原则。在这种情况下，顾客能够启发服务员的机会自然就少。

那么，谁有责任去开启顾客和服务员之间的沟通呢？不用怀疑，那当然是服务员自己。

例如，顾客向服务员说“谢谢招待”的时候，服务员就可以接着询问顾客说：“您对今天的餐点还满意吗？您的鱼肉好像吃得不多，是料理方法不合您的胃口吗？”服务员必须主动把会话接续下去。但是无论如何，如果没有一方愿意开口和另一方对谈，互动便无从展开。

10.3

尽心尽力，顾客就能感受到诚意

我离开纽约广场酒店，到洛杉矶博纳旺蒂尔酒店工作的前两个星期的某一天，我坐在办公桌前办公到一半，突然被柜台急忙叫了出去，发现大厅里挤满了日本观光顾客，而且领队正在大声嚷嚷着。

原来是，有一群欧洲旅游团顾客，原本应该退房了，却碰到船班问题，不得已之下，希望暂时留在酒店等候开船通知，而延后退房时间，连带影响到酒店方面来不及清理给下一批旅客，也就是那个日本旅游团实时使用。

顾客依照预约时间抵达酒店，却发现客房还没整理好，当然会生气。所以带团的三位领队声嘶力竭地拼命为顾客争取权益。虽然，认真分析后可以确定，事件确实是不可抗拒因素引起的。但是，任何酒店人都不忍心看到顾客经历舟车劳顿终于抵达酒店，却没客房可以立即休息的状况。后来我拜托前台最高主管，挪用六间刚好空着的高级套房，分三间给男顾客，分三间给女顾客暂时利用，让他们可以在等待原本预约的客房整理好之前的两个小时稍事休息。

等该团顾客也同意利用临时客房更换轻便服装或休息的安排后，我接着向顾客表示："来不及让顾客实时使用客房，是酒店方面的疏失。为了表示歉意，酒店愿意，在客房准备期间，免费招待各位到一楼咖啡吧享用点心、饮料。"

于是，大部分的顾客在临时客房换好便装后，就到咖啡吧去消磨时间。

当时，博纳旺蒂尔酒店没有丽思卡尔顿那样的授权制度，所以顾客享用咖啡吧费用，是我个人自掏腰包请的。我原本预估，如果一位顾客花费约十美元，那么整团顾客的花费大约是九百美元。这笔负担对当时的我而言，并不轻松，但是我认为，只要能安抚顾客的情绪就值得了。

没想到，整团顾客在咖啡吧的消费总额，竟然只有三十六美元。平均下来，一位顾客的消费金额，连十五美分都不到。

而且我看大家都很客气，还曾过去劝道："各位想吃什么尽管点没关系，不要客气，这是酒店弥补大家的一点心意！"

结果，大家还是很客气地回答我："那多不好意思，我们四个人分一瓶啤酒就够了，反正只是口渴而已。""我们喝杯水或果汁就很够了。"大家用愉快的表情回答我，一点也没有要多点些点心的意思。

虽然客气也是日本人固有的美德，但是他们似乎也是在告诉我：仔细想想刚才的情况，好像也没有必要那么激动、愤怒。

那个团的顾客回家后还跟朋友说："博纳旺蒂尔酒店真是一家好酒店。他们的服务很真诚，有机会你一定要去住住看。"

后来我听到那个团的顾客介绍过来的顾客这样反映的时候，真的觉得，那时候那样尽心尽力安抚、服务他们，真是太值得了。因此我一直相信：只要从心底诚心诚意为顾客服务，顾客一定能感受到服务的用心！

10.4

成为顾客尊敬的人

美国的华盛顿特区，是许多国际组织的大本营，也是国际重要协议的召开地点。为了吸引这些国际精英前来下榻，华盛顿特区丽思卡尔顿召集了整个集团里的精英到当地服务。

业务经理爱伦就是其中一位。她是超级业务员，总是有办法签下重要会议与会人士的住宿契约。

我曾在一场会议的干部聚餐上，见识到她惊人的业务能力。

“吉姆，谢谢你长期以来的照顾。不过我知道，贵协会还有很多其他机会，您要记得把那些机会也给我们丽思卡尔顿哦！”

“别开玩笑了，爱伦！我们协会所有高阶会议的场地都让你们丽思卡尔顿包办光了，不是吗？哪里还有什么机会没给你们的呢？”

“哪里，你们协会应该还有很多机会吧？那些机会也一定要给我们丽思卡尔顿哦!”

这样的对话，爱伦在一场餐会中就重复了三到四次。我知道爱伦是很受欢迎的业务员，可是看到爱伦这样盯着顾客穷追业绩，心里还是不免替爱伦捏一把冷汗，担心会不会过火了一点?

没想到最后，那协会的干部禁不起爱伦一再拜托，只好跟爱伦投降，然后跟爱伦透露说:“知道了啦、知道了啦。可是我们协会真的是把所有机会都给你了。不然我再介绍巴尔的摩分会的负责人给你认识，说不定他还有其他生意可以给你。”

爱伦就是透过这样的辗转介绍得到许多机会的。

我想，不要说是日本人，就连平常习惯用这种方式邀生意的美国人听了，也不免为爱伦紧迫盯人的做法捏把冷汗吧?

那么，为什么爱伦能以这样紧迫盯人的做法赢得许多业绩呢?因为，顾客认为爱伦的服务非常有价值。虽然协会的干部每隔几年就会改选一次，但是丽思卡尔顿和协会接洽的业务代表，一直都是爱伦，二十年来没有改变。因此，爱伦的名片就被列入该协会的干部交接明细中，一届一届流传下去。

只要爱伦出马，会议场地承办契约百分之百都能成功到手。当然，丽思卡尔顿里的每位同人都有功劳，但是爱伦自己的确也很舍得付出，非常努力和所有同人一起撑起尽善尽美的会场服务。场场会议都办得尽善尽美，主办单位的干部们或协会成员当然都给予爱伦很高的评价。对顾客们而言，把会场交给爱伦打理，是非常值得的。

在商务活动方面，爱伦那样回馈、付出的价值胜于顾客所托，正是“我们是服务绅士与淑女的绅士与淑女”的实践！而爱伦每年、每次都以最殷勤的服务回馈优质服务给顾客，正是“成为绅士与淑女没有快捷方式”的最佳说明！

秉持“永远替顾客着想，不断努力，只为以最好的服务款待顾客”的信念为顾客服务，渐渐地，信念就会变成习惯，而习惯又会变成人格特质。只要一言一行都能考虑到顾客的立场，所有规划都是以顾客利益为优先，就一定能获得顾客的好评。就如同长年浸在酒樽中酝酿成熟的好酒，长年累月地努力，一定能换来顾客的尊敬。

这就是服务业耐人寻味的醍醐味之所在吧！

后　记

朝下一个梦想的舞台迈进

丽思卡尔顿的注册商标，是一只狮子和一顶皇冠。

这个商标，是巴黎丽思酒店创办人恺撒·里兹，撷取当代法国的财富象征“狮子”，和在英国代表王公贵族，也就是象征贵族权力的“皇冠”符号设计而成的。

恺撒·里兹，在当时以非常新颖的创意与服务，赢得王公贵族、政商名流等富裕阶层的全面支持与喜爱。

随着恺撒·里兹进军美洲大陆，丽思卡尔顿酒店承袭了恺撒·里兹的服务精神与哲学，继续在美国、欧洲、亚洲，以提供能让前百分之五的顶级顾客满意的服务理念、稳扎稳打的态度逐渐扩大市场。

接在恺撒·里兹时代之后新一代的丽思卡尔顿，从在佐治亚州、亚特兰大州初试啼声到现在，已经有二十年岁月了。

在这段岁月中，市场一再经历剧烈变化。尤其是信息革命，不但为流通、通信、金融、证券等产业带来重大的影响，也为餐旅业带来相当大的冲击，使得丽思卡尔顿不得不发挥创意，实时应变。

现在是脑子里充满“创新概念”的“年轻富裕阶层”崛起的时代。

这个价值观明显和丽思卡尔顿传统消费族群不同，歌诵奢华生活的新富裕阶层，占了丽思卡尔顿总消费人数的一大半。

有鉴于消费族群的转变，丽思卡尔顿势必因应时代做调整。

丽思卡尔顿不能安逸于传统的庇护，必须卸下狮子与皇冠标志下的“过往成功经验”的包袱，为新时代进化出新的传奇服务。

不过，这么说不是要连丽思卡尔顿固有的企业价值观或经营哲学全改掉，而是必须以崭新的面貌，争取价值观和过去不同的新富裕阶层的青睐，让丽思卡尔顿在新富裕阶层眼中，一样是感性十足、魅力动人的品牌。

例如，过去酒店里的运动中心，只要摆设几部运动器材就很足够；现在，无论是度假酒店或都会型酒店，选项多元的SPA设施已经成为必备条件。现在，丽思卡尔顿酒店集团，就是全世界最大的SPA业者。

另外，为了满足年轻经营者注重养生抗老的需求，丰富养生菜单也是接下来必须努力的重点。

随着酒店业迈向国际化发展，丽思卡尔顿也积极进军俄罗斯、中国、中东与近东地区，企图将酒店事业版图延伸到地域文化独特的地区。

融合了固有企业文化，即以“信条”为中心思想的《黄金标准》，和世界各地、各国独特文化的丽思卡尔顿，可以说是文化的大熔炉。

丽思卡尔顿会持续追求自创业以来一贯不变的愿景，致力于成为奢华生活品牌领导者，实现提供“磨炼感性的舞台”的理想。

作者简介

高野 登

◉1953年，出生于日本长野县户隐。从酒店管理学校毕业后，赴美国纽约发展，投身于酒店行业。1982年，如愿进入憧憬已久的纽约广场酒店（The Plaza New York）工作，之后先后在洛杉矶博纳旺蒂尔酒店（Hotel Bonaventure）、旧金山费尔蒙酒店（Fairmont San Francisco）等担任经理职务。

◉1990年，参与支援了以丽思卡尔顿旧金山分店为首的玛丽安德尔湾、亨廷顿、悉尼等多家分店的筹备工作，同时协助设立日本分部。1993年于火奴鲁鲁设立办公室。1994年任日本分社社长并返回日本，负责统筹丽思卡尔顿在日本市场的经营及相关业务活动，并在1997年丽思卡尔顿大阪分店、2007年东京分店的筹备中发挥了重要作用。

◉作品《丽思卡尔顿酒店的不传之秘：超越服务的瞬间》《丽思卡尔顿酒店的不传之秘：纽带诞生的瞬间》（已由东方出版社出版）被誉为“服务行业的圣经”，日语版作为畅销书和长销书在日本热卖30万册以上。除服务行业之外，还被企业、医院、学校、地方自治体等引为教材广泛阅读。目前，高野先生以分享丽思卡尔顿的成功经验为中心，作为“服务精神的传道士”，多次受邀举办企业再造、人才培养、企业内部培训等方面的讲座。

◉“打造服务型市政府!”在被高野先生的演讲打动的众多长野市民的呼声中，经过一年的筹备，高野先生于2009年申请参加市长竞选。尽管准备时间十分仓促，距离投票日只剩一个多月，但他最终仅以651票之差惜败当选者。由此可见服务精神也是地方行政转型的诉求。

关于“服务的细节丛书”介绍：

东方出版社从2012年开始关注餐饮、零售、酒店业等服务行业的升级转型，为此从日本陆续引进了一套“服务的细节”丛书，是东方出版社“双百工程”出版战略之一，专门为中国服务业产业升级、转型提供思想武器。

所谓“双百工程”，是指东方出版社计划用5年时间，陆续从日本引进并出版在制造行业独领风骚、服务业有口皆碑的系列书籍各100种，以服务中国的经济转型升级。我们命名为“精益制造”和“服务的细节”两大系列。

我们的出版愿景：“通过东方出版社‘双百工程’的陆续出版，哪怕我们学到日本经验的一半，中国产业实力都会大大增强！”

到目前为止“服务的细节”系列已经出版103本，涵盖零售业、餐饮业、酒店业、医疗服务业、服装业等。

更多酒店业书籍请扫二维码

了解餐饮业书籍请扫二维码

了解零售业书籍请扫二维码

"服务的细节"系列

《卖得好的陈列》：日本"卖场设计第一人"永岛幸夫

定价：26.00 元

《为何顾客会在店里生气》：家电卖场销售人员必读

定价：26.00 元

《完全餐饮店》：一本旨在长期适用的餐饮店经营实务书

定价：32.00 元

《完全商品陈列 115 例》：畅销的陈列就是将消费心理可视化

定价：30.00 元

《让顾客爱上店铺 1——东急手创馆》：零售业的非一般热销秘诀

定价：29.00 元

《如何让顾客的不满产生利润》：重印 25 次之多的服务学经典著作

定价：29.00 元

《新川服务圣经——餐饮店员工必学的 52 条待客之道》：日本"服务之神"新川义弘亲授服务论

定价：23.00 元

《让顾客爱上店铺 2——三宅一生》：日本最著名奢侈品品牌、时尚设计与商业活动完美平衡的典范

定价：28.00 元

《摸过顾客的脚才能卖对鞋》：你所不知道的服务技巧，鞋子卖场销售的第一本书

定价：22.00 元

《繁荣店的问卷调查术》：成就服务业旺铺的问卷调查术

定价：26.00 元

《菜鸟餐饮店 30 天繁荣记》：帮助无数经营不善的店铺起死回生的日本餐饮第一顾问

定价：28.00 元

《最勾引顾客的招牌》：成功的招牌是最好的营销，好招牌分分钟替你召顾客！

定价：36.00 元

《会切西红柿，就能做餐饮》：没有比餐饮更好做的卖卖！　饭店经营的“用户体验学”。

定价：28.00 元

《制造型零售业——7-ELEVEn 的服务升级》：看日本人如何将美国人经营破产的便利店打造为全球连锁便利店 NO.1！

定价：38.00 元

《店铺防盗》：7 大步骤消灭外盗，11 种方法杜绝内盗，最强大店铺防盗书！

定价：28.00 元

《中小企业自媒体集客术》：教你玩转拉动型销售的 7 大自媒体集客工具，让顾客主动找上门！

定价：36.00 元

《敢挑选顾客的店铺才能赚钱》：日本店铺招牌设计第一人亲授打造各行业旺铺的真实成功案例

定价：32.00 元

《餐饮店投诉应对术》：日本 23 家顶级餐饮集团投诉应对标准手册，迄今为止最全面最权威最专业的餐饮业投诉应对书。

定价：28.00 元

《大数据时代的社区小店》：大数据的小店实践先驱者、海尔电器的日本教练传授小店经营的数据之道

定价：28.00 元

《线下体验店》：日本“体验式销售法”第一人教你如何赋予 O2O 最完美的着地！

定价：32.00 元

《最强导购成交术》：解决导购员最头疼的 55 个问题，快速提升成交率！
定价：36.00 元

《帝国酒店——恰到好处的服务》：日本第一国宾馆的 5 秒钟魅力神话，据说每一位客人都想再来一次！
定价：33.00 元

《餐饮店长如何带队伍》：解决餐饮店长头疼的问题——员工力！ 让团队帮你去赚钱！
定价：36.00 元

《漫画餐饮店经营》：老板、店长、厨师必须直面的 25 个营业额下降、顾客流失的场景
定价：36.00 元

《店铺服务体验师报告》：揭发你习以为常的待客漏洞　深挖你见怪不怪的服务死角　50 个客户极致体验法则
定价：38.00 元

《餐饮店超低风险运营策略》：致餐饮业有志创业者 & 计划扩大规模的经营者 & 与低迷经营苦战的管理者的最强支援书
定价：42.00 元

《生鲜超市工作手册蔬果篇》：海量图解日本生鲜超市先进管理技能

定价：38.00 元

《生鲜超市工作手册肉禽篇》：海量图解日本生鲜超市先进管理技能

定价：38.00 元

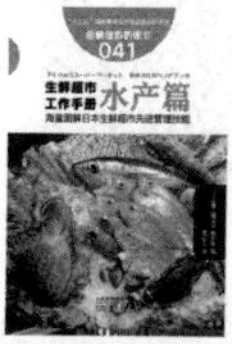

《生鲜超市工作手册水产篇》：海量图解日本生鲜超市先进管理技能

定价：38.00 元

《生鲜超市工作手册日配篇》：海量图解日本生鲜超市先进管理技能

定价：38.00 元

《生鲜超市工作手册副食调料篇》：海量图解日本生鲜超市先进管理技能

定价：48.00 元

《生鲜超市工作手册 POP 篇》：海量图解日本生鲜超市先进管理技能

定价：38.00 元

《日本新干线 7 分钟清扫奇迹》：我们的商品不是清扫，而是“旅途的回忆”

定价：39.80 元

《像顾客一样思考》：不懂你，又怎样搞定你？

定价：38.00 元

《好服务是设计出来的》：设计，是对服务的思考

定价：38.00 元

《让头回客成为回头客》：回头客才是企业持续盈利的基石

定价：38.00 元

《餐饮连锁这样做》：日本餐饮连锁店经营指导第一人

定价：39.00 元

《养老院长的 12 堂管理辅导课》：90%的养老院长管理烦恼在这里都能找到答案

定价：39.80 元

《大数据时代的医疗革命》：不放过每一个数据，不轻视每一个偶然

定价：38.00 元

《如何战胜竞争店》：在众多同类型店铺中脱颖而出

定价：38.00 元

《这样打造一流卖场》：能让顾客快乐购物的才是一流卖场

定价：38.00 元

《店长促销烦恼急救箱》：经营者、店长、店员都必读的“经营学问书”

定价：38.00 元

《餐饮店爆品打造与集客法则》：迅速提高营业额的“五感菜品”与“集客步骤”

定价：58.00 元

《新零售全渠道战略》：让顾客认识到“这家店真好，可以随时随地下单、取货”

定价：48.00 元

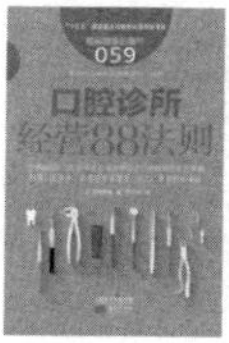

《口腔诊所经营 88 法则》：引领数百家口腔诊所走向成功的日本口腔经营之神的策略

定价：45.00 元

《超市经营数据分析、管理指南》：来自日本的超市精细化管理实操读本

定价：60.00 元

《赚钱美发店的经营学问》：一本书全方位掌握一流美发店经营知识

定价：52.00 元

《良医有道：成为好医生的 100 个指路牌》：做医生，走经由“救治和帮助别人而使自己圆满”的道路

定价：58.00 元

《来自 2 万名店长的餐饮投诉应对术》：如何搞定世界上最挑剔的顾客

定价：48.00 元

《超市管理者现场工作指南》：来自日本的超市精细化管理实操读本

定价：60.00 元

《超市投诉现场应对指南》：来自日本的超市精细化管理实操读本

定价：60.00 元

《超市现场陈列与展示指南》

定价：60.00 元

《向日本超市店长学习合法经营之道》

定价：78.00 元

《让食品网店销售额增加 10 倍的技巧》

定价：68.00 元

《让顾客不请自来！卖场打造 84 法则》

定价：68.00 元

《有趣就畅销！商品陈列 99 法则》

定价：68.00 元

《成为区域旺店第一步——竞争店调查》

定价：68.00 元

《餐饮店如何打造获利菜单》

定价：68.00 元

《日本家具 & 家居零售巨头 NITORI 的成功五原则》

定价： 58.00 元

《咖啡店卖的并不是咖啡》

定价： 68.00 元

《革新餐饮业态： 胡椒厨房创始人的突破之道》

定价： 58.00 元

《餐饮店简单改换门面， 就能增加新顾客》

定价： 68.00 元

《让 POP 会讲故事， 商品就能卖得好》

定价： 68.00 元

《经营自有品牌： 来自欧美市场的实践与调查》

定价： 78.00 元

《卖场数据化经营》

定价： 58.00 元

《超市店长工作术》

定价： 58.00 元

《习惯购买的力量》

定价： 68.00 元

《7-ELEVEn 的订货力》

定价： 58.00 元

《与零售巨头亚马逊共生》

定价： 58.00 元

《下一代零售连锁的 7 个经营思路》

定价： 68.00 元

《唤起感动： 丽思卡尔顿酒店“不可思议” 的服务》

定价： 58.00 元

《7-ELEVEn 物流秘籍》

定价： 68.00 元

《价格坚挺， 精品超市的经营秘诀》

定价： 58.00 元

《超市转型： 做顾客的饮食生活规划师》

定价： 68.00 元